CONFLICT
—THE UNEXPECTED GIFT
MAKING THE MOST OF DISPUTES IN LIFE AND WORK

关系突围

如何高效化解人际冲突

[美] 杰克·汉密尔顿　伊丽莎白·西曼　夏琳娜·吉◎著

沈洁◎译

天地出版社 | TIANDI PRESS

图书在版编目（CIP）数据

关系突围 /（美）杰克·汉密尔顿等著；沈洁译. 一成都：
天地出版社，2018.6
  ISBN 978-7-5455-3734-5

  Ⅰ.①关… Ⅱ.①杰… ②沈… Ⅲ.①人际关系学—
社会心理学—研究 Ⅳ.①C912.11

  中国版本图书馆CIP数据核字（2018）第037211号

CONFLICT—THE UNEXPECTED GIFT: MAKING
THE MOST OF DISPUTES IN LIFE AND WORK (3RD EDITION)
by Jack Hamilton and Elisabeth Seaman with Sharlene Gee
Copyright © This edition arranged with Get Published! LLC
through Big Apple Agency, Inc., Labuan, Malaysia.
Simplified Chinese edition copyright © 2018 Beijing Wisdom and Culture Co., Ltd.
All rights reserved.

  著作权登记号 图字：21-2018-178

关系突围
GUANXI TUWEI

出 品 人	杨　政
著　者	[美] 杰克·汉密尔顿　伊丽莎白·西曼　夏琳娜·吉
译　者	沈　洁
责任编辑	张秋红　沈海霞
封面设计	仙境设计
电脑制作	新视点
责任印制	葛红梅

出版发行	天地出版社
	（成都市槐树街2号　邮政编码：610014）
网　址	http://www.tiandiph.com
	http://www.天地出版社.com
电子邮箱	tiandicbs@vip.163.com
经　销	新华文轩出版传媒股份有限公司

印　刷	北京嘉业印刷厂
版　次	2018年6月第1版
印　次	2018年6月第1次印刷
成品尺寸	145mm×210mm　1/32
印　张	8
字　数	156千字
定　价	42.80元
书　号	ISBN 978-7-5455-3734-5

风平浪静的人生是可悲的。

让人成长的最好方式，

是经历那个冲突被解决的过程。

冲突，不是灾难，

而是我们人生的财富和礼物。

这本开创性的书展示了如何利用"崩溃"瞬间作为"突破"机会。作者写了一部思路清晰的指南手册，来帮助我们理解自己在冲突情境中如何迅速地对对方做出"假设"，以及如何确保它们的合理性。本书的"工具包"特征和可读性，不仅有利于保护面临的各种风险关系，而且能够通过强化家庭关系和工作关系，让我们的社会变得更加美好。

——弗雷德·勒思金博士

斯坦福大学宽恕项目主任和副教授，索菲亚大学教授，

《学会宽恕》《因为爱你，所以原谅》和《告别压力》

（与肯尼思·R.培勒提埃合著）的作者

这场冲突是怎么发生的？我该怎么处理呢？我做什么才能从中受益呢？当我们发现自己遇到人际冲突时，经常会有这样的问题。作者提供了一个简明扼要的实践指南来解决冲突。掌握书中

那些易于遵循的方法会改变你的人生。这本书将帮助你放弃对抗性反应，将你们的冲突化害为利。

——马文·施瓦兹

法律博士，调解人，同时也是二千多名调解人的培训师

《关系突围》使用一个简单的类比——一架梯子，勾勒出一个有价值的、可将冲突转化为有益的讨论的流程。作者通过现实生活中的故事，展示如何运用简单技巧来解决无数日常纠纷。

——南希·尼尔·耶德

纠纷管理专家，Y&D项目策划有限责任公司合伙人

这本出色的书以一种易于理解而又吸引人的方式，描述了有效的冲突管理的关键原则，并为读者提供了在日常冲突中应用这些原则的实用方案。

——帕特里夏·布朗

加利福尼亚圣马特奥半岛冲突解决中心前首席执行官

作为一个调解项目管理者以及调解人和培训师，我要极力推荐在改善冲突环境中的人类行为方面具有深刻见解的《关系突

围》一书。我尤其欣赏本书提供的主要方法，例如怎样专注于积极的冲突解决态度和有效倾听的具体步骤。这本书将是对所有教学书目的有益补充。

——马丁·艾奇纳

争议解决方案项目定点公司前主任

让冲突的解决过程变为我们的财富与资源

刚收到要为《关系突围》写推荐序的邀请，我有一些意外，但也不意外。因为作为一名精神科医生兼家庭治疗师，我平日最主要的工作就是与家庭成员之间的人际冲突打交道。冲突其实存在于我们日常生活的每个角落，但并非每个冲突都会让我们茶不思、饭不想、寝难安，往往是那些无法解决的人际冲突让我们卡住，动弹不得。

但是，又是什么让冲突变得无法解决呢？正如策略派家庭治疗大师唐·杰克逊所说：许多时候，冲突本身并不是问题，往往是人们处理冲突的方式本身会成为问题。许多时候，人们要么采取过度回避的方式，像鸵鸟一样否认冲突的存在，比如面对婚外情的夫妻试图通过"不去谈它"的方式让伤痕淡化，谁想多年后这些纠结仍然在暗中破坏他们对彼此的信任。有时，人们又会去往另一个极端，采取过度放大的方式，将冲突升级，将一件日常的琐事升级到关乎人格和尊严的高度，比如一位妻子将丈夫对自己的不关注升级到对丈夫人格的评价，认为他冷漠和无情。而在另外一些情况下，人们却又在错误的层面去用力试图解决冲突，却浑然不知自己已经误入歧途。比如一位焦虑的母亲，一边为孩子包办万事，一边却又责怪孩子无法学会独立。她不知自己真正应该做的事是一边面对自己的焦虑，一边给孩子经历挫折的机会。因此，我们要解决冲突，应当关注的并非只是冲突本身的内容，同时也需要改变应对与处理冲突的策略和方式。同时，这些方法也不应只是形而上的指导思想，而应当包含可以实操的技术与方法。

此外，在面对冲突时人们往往也容易陷入另一种两难的困境，那便是：在弄清自己在冲突中身陷何处、如何被卡住之前，便急于寻找和尝试新的解决办法。殊不知，采取的新方法却让问题变得更加糟糕。道理很简单，试想我们都不知道自己在哪里迷路，又怎么知道路在何方呢？所以，解决冲突需要的不仅仅是方法，还需要知道我们自己身上以及在处理冲突的过程中哪些方法是无效的，冲突的根源在哪里。先探路，再寻路。

最后，当我们了解了冲突的根源，学习了处理它的方法后，我们需要的还有尝试的勇气，反复练习的决心，以及面对随之而来的挫折感的耐心和弹性。同时，我们还需要做好面对焦虑的准备，因为改变在给我们带来更多的可能性、新鲜感和振奋感的同时，随之而来的也伴随着对未来的不确定感。换句话说，我们需要一定的勇往直前的执着，正确的方法，练习、练习、再练习的恒心，还有一颗富有弹性的心脏。

其实，风平浪静的人生是可悲的，这样的人生无法让我们经历世间百态，无法让我们体会到人与人之间丰富的情感体验，无法让我们理解两个人在观点相悖时仍可以成为知己的那份喜悦。因此，让人成长的最好的方式，是经历那个冲突被解决的过程。冲突，不是灾难，而是我们人生的财富和礼物。

刘亮

同济大学医学博士

精神科医师，国家二级心理咨询师

Contents >>> 目 录

悲观主义者

会在每个机遇中看到困难；

乐观主义者

会在每个困难中看到机遇。

———————◆◆———————

温斯顿·丘吉尔

Chapter **1** >>>
每个人都有各自的棱角

冲突是人类正常的互动方式之一。人的性格中粗糙的棱角可能会触怒他人。当这种情况发生时，就会导致处于同一生活环境中的人们发生冲突，而这往往会损害人际关系。

我们从事冲突调解这一行，已经有超过二十五年的时间了。在此期间，我们进行过成百上千次冲突调解，却依然不断被一个问题所困扰：在调解中，我们是否已经做足了工作，教会了纠纷当事人自行化解冲突的技巧？经过一番深思熟虑，我们得到的答案是："并没有！"

我们发现在调解过程中收获良多，因为我们确实看到，人们对于日后如何积极地进行沟通达成了一致意见。我们两个人调解的冲突涉及对象广泛，包括青少年与其父母、成年子女与其年迈的父母、丈夫和妻子、房东与租客、员工与管理者、企业及非营利机构中的同事、邻里之间、院校中的教职员工、市议会成员，以及各种各样的朋友和同事。

尽管我们的客户经常坐在调解桌旁向彼此"开火"，但是在我们调解的案件中，有超过90%的当事人最终握手言和，甚至还相互拥抱。然而，我们私下里对自己说，这样还不够。

我们充分意识到冲突在所有人的生活中起到的普遍作用。在生活中的某些时刻，大多数人会陷入与别人的冲突中去——小到与店员的意见分歧，大到与家人的全面战争。你甚至会发现自己在过去的二十四小时中也与人发生过一次冲突——也许它太过微小并且看似无关紧要，但那仍然是冲突。

冲突是人类正常的互动方式之一。人的性格中粗糙的棱角可能会触怒他人。当这种情况发生时，就会导致处于同一生活环境中的人们发生冲突，而这往往会损害人际关系。

然而，这些对峙并不应当造成愤怒的情绪和终生的伤害。学习如何化解人际冲突的能力，深深根植于我们人类的潜能之中。这也许是我们最值得培养的技能之一。

我们决定竭尽全力为客户提供更多帮助，并实施了下一个步骤：开发了一种基于结构化沟通原则（此原则是调解过程的基础）的课程。

然后，我们利用这一课程，向广大青少年和成年人——从中学生到公立私立学校的教师及大学教授，从市议会成员到董事会理事——传授化解冲突的技巧。我们的客户名单涵盖各类公立及私人机构的雇员和志愿者。

最终，该课程成为我们撰写本书的基础。它强调人们需要培养以下技能来化解人际冲突：

· 了解冲突产生的根源。

· 提高自我认知。

· 倾听他人并给予更多的理解。

· 识别我们有时对他人做出的负面假设。

· 识别他人有时对我们做出的负面假设。

· 弄清楚这些假设是否有根据。

· 如果别人认为我们的行为具有冒犯性，那就向他们道歉。

· 如果我们认为别人的行为具有冒犯性，那就接受他们的道歉。

· 就更具建设性的沟通方式达成共识。

· 以全新的姿态重建充满活力的关系。

以上内容在结构化的教育环境中运作良好，但是在日常生活中却并不那么简单。对于与自己意见不一的人，人们很少会去反思自己对他们的看法和感受。而对于与自己吵架的人，人们很少会敞开心胸，去倾听他们的想法和感受。并且，人们也极少通过对话，允许冲突各方讨论对彼此的假设，并一起来判断哪些站得住脚，哪些则毫无根据。

我们提供这本实用的书，可以帮助你获得打破僵局、重修旧好的技能。我们解释了为何冲突乍看起来那么难以处理，为什么人们在试图解决与他人之间的问题时常常畏缩不前，以及为什么人们有时候会完全避免冲突。

本书旨在帮助各年龄阶段的人们提高化解冲突的技巧。每个章节都提供了具体的步骤，帮助读者学到一种新的沟通方式去解决冲突，并与亲朋好友以及其他需要打交道的人建立更有活力的关系。

各章节都不乏真实的生活故事，它们来自于我们在调解冲突以及教学实践中遇到的人，所以你能够看到我们在书中所阐述的做法的具体实例。为了保护隐私，我们更改了真名实姓、个人信息以及其他所有具有指向性的事实。在某些情况下，为了更加清晰地暴露冲突中的问题，我们将几个人的故事浓缩到了一个人身上。

如何与和你不同的人建立和谐关系

采取必要的措施去化解冲突是很有挑战性的。过去的经验表明，我们给出的方法切实有效。我们见证过它们如何改变人们的生活。然而，这并不是说人际关系不是复杂问题。就拿同理心①来说，我们相信它是帮助化解冲突必不可少的基石。但

---

① 同理心：心理学名词，又称"移情"或"共情"，是一种能够感受被分析者感受的能力，也是一种心理分析的技术和产生心理分析治愈效果的重要条件。

是，摆脱只从个人角度看问题这一习惯方式是相当困难的。你可能不大相信你能站在别人的立场看问题。我们会告诉你该怎么做。你可以通过一些练习来增强你的同理心。

我们精心设计了本书，确保你可以快速获取最符合你的个人情况的信息。这意味着你可以按任意顺序阅读各个章节。然而，我们强烈建议你从第二章"冲突产生的根源"开始阅读，因为我们在其中阐述了"假设之梯"理论，这是本书的核心思想。为了公平起见，在一般性描述中，我们会交替使用女性人称代词和男性人称代词。

本书将帮助你意识到，别人对待你的态度通常与你本人无关。你做的某些事，说的某些话，可能触发了另一个人的反应，但你既不是那个人行为的成因，你也不必为此负责。她的行为可能直接指向你，向你发泄她压抑已久的情绪，因为你可能恰好是她最亲密的人或者是个最易相处的好人。也许你的出现和接近本身就足以诱发她的行为。这些行为并不一定是针对你的，你只是恰好成了对方发泄的对象。

一个人对你的态度可能由多种因素造成，其中很多可能连当事人自己都不知道。一个人的行为，通常是那段时间发生在其生活中的诸多事件的结果。其他起作用的因素有遗传、早期生活条件、文化传统、创伤经历，甚至还涉及基本需要未能得到满足，比如晚上睡眠不足。

　　《关系突围》是一本关于如何与那些和你不同的人建立和谐关系的书。我们在书中提供了大量完整的技能拓展训练，能够让各种惯于从自我视角看世界的人们彼此间实现有效沟通。

　　着手处理并努力化解冲突，能够提供自我改善的机会。珍珠源自蚌的痛苦。同样，冲突也能在你的人际关系中引发新的认知和更为开放的态度。化解人际冲突是一个过程。在分析冲突的过程中，你将学会舍弃没有根据的假设，并为你的人际关系谱写新的篇章。冲突一旦得到化解，就可能是给你带来第二次机会的礼物。

　　我们坚信，一系列经过精心设计，旨在帮助人们更熟练地解决冲突的训练，能够帮助我们推动世界进步——从每次改善人际关系开始——解决因人际关系破裂而带来的日益增多的问题。我们确信，当人们学会以这种方式交流后，误解和暴力将会越来越少，战争最终也会减少。

Chapter **2** >>>
冲突产生的根源

在一场纠纷当中，如果没有任何显而易见的方法来突破这一困境——其中一方的"赢"，必然要以另一方的"输"为代价，那你到底应该怎么做呢？

　　一个非营利组织的管理者对她的男下属越来越失望。该管理者觉得那个男人缺乏团队精神，也不能按时完成工作，而且他来上班只是为了混份儿薪水，对组织的工作完全不投入。

　　当她参加我们为其组织举办的一次研讨会时，我们和她进行了交流，我们会在后文透露关于她的故事的更多细节。当我们帮她找出对雇员感到失望的原因时，她承认自己对那个员工做了不准确的、很可能会造成组织分裂的假设。

　　我们大多数人几乎每天都会体验到这种无助感（尤其是由此带来的沮丧感）。我们面临的人际关系问题既可能很简单——比如决定哪个家庭成员可以坐在汽车副驾驶座位上，也可能很复杂——比如弄清楚如何与某个曾是你的前同事的下属建立新的职场关系；既可能重大到足以改变你的人生——比如夫妻一方想要孩子，而另一方希望延续二人世界，也可能很平凡——比如团队中的某个队员认为队友没有尽职尽责，并因此不胜其烦。

　　就算是最普通的人际关系问题，也可能会让你不知所措，想不出下一步该怎么办。在一场纠纷当中，如果没有任何显而易见的方法来突破这一困境——其中一方的"赢"，必然要以另一方的"输"为代价，那你到底应该怎么做呢？

化解人际冲突的关键，在于理解人类的思维是如何运作的。一场冲突过后，对于谁引发了冲突，人们倾向于根据自己的假设做出消极的判断。所以，当一个人与他人陷入冲突时，通常会责怪对方引起了纠纷，或者试图拼凑出一种很难如实反映全貌的图景。这种行为在一段时间内可能有助于缓解焦虑，但终究不能真正化解冲突并让双方满意。

为了在产生分歧后真正达成和解，你必须更加清晰地认识到冲突双方的实际动机，而不是去相信你根据惯性思维得出的结论。

人们习惯对差异产生偏见

如果我们不得不从零开始与别人打交道，那么理解别人就是一项极为艰巨的任务。对于我们所有人来说，外界传来的信息都过于冗杂，以致难以处理。为了应对这一无法解决的困境，人类大脑的运作方式就像一台经过精心调校、旨在做出快速判断的电脑。因此，人人都有能力将多种多样的人划分为几种可供处理的类型。这些笼统的形象，可以帮助我们迅速地定义人群，从而便于我们理解他们——至少我们是这样认为的。

实际上，我们创建以及使用的人群类别，决定了我们对他们做出的假设。这些假设会影响我们如何理解他们以及我们彼此间的关系。比如说，几百年来（即便不是几千年），患有精神疾病的人总是被视为"疯子""怪人"——或者至少是"懒人"，据说只要他们足够努力，就能克服他们的精神问题。

然而，近年来科学家们发现，包括精神分裂症在内的精神疾病，是因为生物性质或者化学性质的大脑失调造成的，而不是个人缺乏努力或兴趣所致。患有这类疾病的人，现在或多或少可以通过药物和心理疗法来治疗。有了这些科学和临床数据作为佐证，我们就需要改变原来的假设，消除过去的成见，将精神病人看作碰巧患病的普通人。

从我们记事起，当我们第一次给人"定型"后，就开始根据自己的标准化印象去看待别人。无论好坏，总而言之，是我们的父母、监护人以及最初的老师帮助我们建立了这些区分标准。

在讲述种族偏见的音乐剧《南太平洋》中，剧作家理查德·罗杰斯和小奥斯卡·汉默斯坦在歌曲《你必须得到仔细的教导》中，描述了这个普遍存在的学习过程。①

> 你必须学会去憎恨和恐惧，
>
> 你年复一年地被教导，
>
> 它必须反复在你小耳朵里被敲打，
>
> 你必须被仔细地教导！

> 你必须被教导要害怕
>
> 那些眼睛奇怪的人，
>
> 那些肤色不同的人，
>
> 你必须被仔细地教导。

> 你必须在为时过晚之前被仔细地教导，
>
> 在你六七岁之前，
>
> 憎恨所有你的亲人所憎恨的人，
>
> 你必须被仔细地教导！
>
> 你必须被仔细地教导！

---

① 小奥斯卡·汉默斯坦、理查德·罗杰斯：《你必须得到仔细的教导》，
《南太平洋》，1949年。

这首歌的歌词是关于排外心理以及社会环境所导致的问题：我们害怕与自己外表不同的人。歌词传达了这样的信息——偏见是后天习得的结果，是由父母以及社会"细心地"教给孩子们的。

由于我们思维运作方式的原因，无论何时，实现那种毫无偏见的社会可能都极为困难。就算在种族同质化的社会中，人们也会对其他差异产生偏见，比如性别、性取向、出生地和宗教信仰。其生命有赖于能否快速判断人类行为的专业人士——比如警察、军人——都接受过训练，能够在工作时准确而迅速地处理相关信息。

但是，就算是没有经过训练和实践的普通公民，也会基于少量信息迅速"分清敌我"。他们这样做时通常并无生命危险，于是在很多情况下，这种做法就导致了冲突。那么，你应该怎样避免这种行为呢？我们在工作和研究中发现，人们可以通过两个重要途径来避免草率的总结和错误的归纳，从而得以避免冲突：

· 要注意到那些基于先入为主的分类而做出瞬间判断的场合。

· 花费必要的时间，用开放的思维和不带偏见的方法去化解冲突。

成见远非眼前的真相

你认识那种会快速做出判断，而且很难改变既定想法的人吗？这似乎是人类的天性。这些判断之所以很难改变，是因为它们通常是在毫无意识的状态下形成的，是人们多年建立的笼统分类系统的产物。

对他人模式化的成见，总是与我们形影相随，并驱使我们在无意识中对物体、事件或人群进行分类。模式化的刻板印象或者偏见，是一种过于简单化的概括方式，它意味着我们会根据他人在特定人群中的真实身份或感知到的身份，对其基本特征进行"定型"处理。

成见可能蕴含少许事实，但是它远非眼前的真相。它们往往基于极少或根本没有现实依据的武断说法，而且总是让我们做出一系列毫无根据的假设。没有根据，没有思考，只有毫无根据的假设。

我们往往会依靠成见去理解这个各种新信息层出不穷的世界。然而，我们需要不断地暴露自己的成见。接下来，我们需要探索性地扪心自问：我们的成见是否真的可靠，能否用来引导我们确认新的事实？这样做需要耐心、反思以及开明的思想，绝非一蹴而就。

　　旧金山人托尼·乔尼克亲自体验到了偏见意味着什么。当他为了所扮演的角色留了凌乱的长发和长胡子时，他发现别人对待他的态度和以往大不相同。在为旧金山湾区公共电台"KQED-FM"录制的一期《看法》节目中，他描述了自己的遭遇，内容摘录如下：①

　　上周，我在健身房锻炼完之后，发现工作衫落在了家里，所以不得不继续穿着锻炼时的那件背心。穿着那件气味难闻的背心和破旧的夹克，我看上去像一个"无家可归的人"，流浪到了一个安全的郊区。人们都扭头打量我，在咖啡店里，顾客们冲我皱起鼻子。当我在超市的货架间溜达，琢磨着该买些什么当午餐时，总有人盯着我看。最后，我去了一家商店买衬衫，当我开始试穿时，人人都在交头接耳地议论。我用信用卡付款时，收银员十分仔细地核对了我的驾照。

　　在当今社会的丛林中，我们这些熙熙攘攘的猿人总是试图对周围的同类做出各种评判。我们利用进化出的灵长类面部识别技能，不断地扫描认识的人、格格不入的人和有威胁的人。如果没有感觉到危险，我们就一边前行，一边继续扫描。穿着干净的衬衣，

---

① 托尼·乔尼克：《我作为威胁的一天》，《看法》节目（旧金山KQED广播电台，2008年2月19日）。

毛发修剪整齐，我也不过就是一大群无趣的猴子中的一只罢了。可是我相当震惊——我居然那么快就变成了一个威胁。

那些经常因为衣着、肤色或者文化而遭到错误评判的人，他们的沮丧感我只能想象。有时候，我们会在仓促之间做出错误评判，把普通人当作威胁，而那些人的日常遭遇，我只经历了皮毛而已。仅仅一瞥之间，我就能看穿一个人的外表，直抵其内心吗？当然不能！可是我真的希望，在我那猿人的大脑中武断地响起警报之前，我能够停下来仔细思考。我希望生活中少一点儿恐惧和猜疑。

乔尼克的经历反映了成见的恶果，它会让我们基于有限的证据去评判他人，好像那些证据就代表了有关那个人的全部似的。我们从过去的经验中习得成见，又在当下不断重温。我们当下的认知会严重地受到过去的影响，所以我们常常会扭曲地看待目前生活中发生的事情。

先入为主的僵化观念

大多数人都不记得最根深蒂固的假设来自何处。引发这些成见的情况早已被遗忘。最终，我们对长期以来形成的假设信以为真，却不知道自己早已远离真相。

先入为主地形成了僵化观念的人经常会发现，他们在遇到不符合其"模板"的人时，很难改变既有的观念。在接下来的故事里，八年级的高中生安德鲁参加了我们解决冲突的课程，并倾诉了他内心的沮丧——朋友们看不到"真正"的他。

"你就是一块奥利奥饼干——外表是黑人，内心是白人！"这种话某些同龄人对我说了无数次。他们给我贴上"被洗白"的标签。现在，我对他们的侮辱已经能够泰然处之。但是在我的同龄人当中，尽管没有种族仇恨的倾向，但种族观念在社会中依然起到如此重要的作用，这一现状让我很不安。

作为一个生活在以白种人为主的社区的非裔美国人，我觉得我的整个人生都应该是那种能够体现美国多元化的典范。但具有讽刺意味的是，我的同龄人将我视为那种符合其成见的人，而不是与他们的价值观一样的终身社区成员。我绝对不符合我们的社会所描述的那种典型的黑人刻板形象。

我发现，试图消除种族成见，是我经历过的最强大的生活教训之一。为了得到认可，我童年时和非裔美国朋友在一起时，会改变自己的言谈举止。长大后我意识到，自己在不同社交圈里的不同表现，只会让他人的成见固化。不忠于自我，别人就不会真正地成为我的朋友，也不会欣赏真实的我。

现在，无论其种族和背景如何，我所有的朋友们都知道我的真实个性。那种我曾经描述过的受困于两个世界之间的感觉，其实使我有机会去收获来自不同文化的人的信任。我感觉我一直在尽力消除可能依然存在的隐蔽的成见。

我的生活横跨两种文化。正如我的祖先们所做的那样，我学会了欣然接受两者。

安德鲁的故事揭示了人们有多难改变成见。它也反映了给一个人贴上不恰当的标签会对其造成的负面影响。

你不知道我是怎么想的

经受分歧之痛的人们，通常会粗暴地指责对方："你又不知道我是怎么想的！"然而，我们大多数人还真以为自己知道别人的想法。在潜意识中，我们会把某人归入我们精心设计的类别。但是这些独特的类别可能是不合理的或者是过时的。于是，我们的行为就会变得不可理喻，因为我们的判断是基于一种假设：那个人必定属于某一类人，尽管事实并非如此。他很可能会感觉受到了误判，这就可能导致冲突。

　　如果我们觉得别人对我们做出了错误的评判，就会变得困惑、愤怒，或者感到低人一等。我们感觉受到了侮辱，尽管那个人的言辞可能和我们本身无关。他们表达的意见源自其自身的生活经历。

　　当你感情用事时，自然就会觉得受到了冒犯、伤害或者感到愤怒。而一旦你感觉受到了冒犯，就会想到为你的行为辩护，这是人类的天性。这就会导致冲突。

何谓假设之梯

　　为了突破生活中因为冲突造成的困境，我们首先需要知道的是，当我们大多数人对涉及冲突的状况做出反应时，会在无意识中飞快地爬上那个我们称之为"假设之梯"的东西。这是一个形象的比喻，可以用于解释我们的思维如何运作。我们借鉴克里斯·阿吉里斯的开创性著作提出了这一概念。①

　　梯子可以让你通过构建冲突背景来分析冲突，以及你根据导

---

① 克里斯·阿吉里斯：《克服组织防卫》（马萨诸塞州尼达姆高地：阿林与培根出版公司，1990年）。

致这些冲突的假设所采取的行动。梯级代表了这些假设的不同等级。举例来说，你驾驶着一辆跑车在高速公路上不停地变道，我们将描述在这个高速公路的场景中，梯子理论是如何运作的。在我们描述的过程中，请参考这张原理图。

假设之梯

行为

4.归类

3.动机

2.解读

1.事实

由此开始 ➜ 背景

背景

在任何特定的时刻，我们思维的梯子都架设在一个特定的背景中。背景包括了一个场景中所有真实可见的信息——可以被电子设备（例如安装了摄像软件的智能手机的摄像头）捕获的信息。背景将涵盖物理空间中每个你可以想到的角度。

因为你在高速公路上驰骋，背景就是那条公路。道路两旁可能有成排的树木，路中间有中央隔离带，沿途有若干广告牌，还有其他车辆。我们无法掌握场景中的全部背景。举例来说，当你一直向前开时，可能看不见路边的一辆警车。

要点：背景中所包含的内容，要比我们体验或者观察到的更多。

第一梯级：事实

一个事实是指通过真实体验或观察所了解到的一个实际情况。我们观察到的事实，是指背景或者全部实际情况中我们所能掌握的那一部分。在任何场景中，无论我们在观察方面有多么熟练，也只能掌握总体事实的一小部分。你在场景中所处的位置，以及你过去在类似场景中的经历，大大制约了你所能掌握的东西。我们做出的第一个错误假设，通常就是我们已经看到了完整画面，我们所看到的也是其他人所看到的。本例中，背景里的众多事实之一是："那个司机正以超过限速每小时20英里①的速度行驶，而且不打信号灯就变换车道。"

---

① 1英里≈1.609千米。

要点：一个事实是指一个人所能观察到的一个背景。

第二梯级：解读

我们会解读所认识到的事实。当我们把自己的解读与可以客观验证的事实混淆起来时，往往就会发生冲突。这种解读也可以被定义为"看法"。我们通过解读来诠释所看到的事实。我们经常基于自己的过去来解读当前的场景。考虑一下这种情形：有人看到你驾车在高速公路上疾行，就随口评价说："又是一个开跑车的疯子。"

要点：当你使用形容词来描述某人的行为或特定场景时，你通常都是在进行解读。

第三梯级：动机

我们倾向于把动机强加给那些行为举止触怒或者得罪了我们的人。"他就是想……""她以为……"我们不可能真的知道另一个人在想些什么，但是我们经常以为自己能够做到这一点。我们强加给别人行为的动机，往往是基于那些早已被我们的意识所忽略的相似场景下的经验。例如，类似"那家伙自以为是公路之王，一点儿也不在乎他可能会在高速公路上制造灾难"这样的评论，就是强加给那个被观测到的司机的动机。

要点：当你用一种感觉、情绪或其他暗示某种意图的词汇来描述一个人的行为举止时，你就是在给那个人强加动机。

第四梯级：归类

当我们观察到一个人的特定行为时，不管适当与否，我们的思维总会迅速地将该行为强行归类。举例来说，某人看到你驾车在高速公路上飞驰，可能会咕哝地抱怨说："那家伙就和其他所有开跑车的家伙一样。他们都崇尚速度，想要炫耀自己的汽车。他们觉得不需要和我们一样遵守交通规则。他们总是造成事故。"

要点：使用诸如"他们"之类的复数代词，以及诸如"全部"之类的范围描述词汇来描述一个人的行为举止，表明你已将此人强行划入了一个预定的类别。

行为

我们通常能意识到自己的行为，却意识不到让我们爬上梯子，导致我们做出那些行为的"膝跳反射"般的思维过程。比方说，有人可能会想："那个司机对高速公路上的所有人来说都是危险的。他应该受到教训。如果他突然插到我前面的话，我不会让他这么容易就得逞的。我要超过他，反插到他前面去。总得有人让他知道，他这样做是错的。"一个司机做了某件事（一个事实），另一个人做出了某种反应（基于一个或对或错的假设），并可能采取报复措施（行为）。这就意味着急速冲上假设之梯。

有时候，在特定背景下，一个人仅仅选择某些事实，并认为它们就是场景中的全部事实，以此作为依据来采取行动（第一梯级），或者仅仅解读他所看到的事实（第二梯级），而不一定会给别人强加动机（第三梯级），或给别人贴上某种成见的标签（第四梯级）。

美国汽车协会交通安全基金会的一项研究发现，很多起我们称为"路怒症"的事件，都是由"司机之间的简单误会"引发的。[1]然而，根据基金会行为分析主管马修·乔因特的说法，这种对于混乱状态的反应，或许始于会导致愤怒的假设，最终可能会演变为肢体性攻击[2]。

要点：当你做出某种行为时，甚至可能不会意识到你所做的导致了此行为的假设。

---

[1] 马修·乔因特：《"路怒症"：积极驾驶的三项研究》，（华盛顿哥伦比亚特区美国汽车协会交通安全基金会，1995年3月），可浏览相关网页：https：//www.aaafoundation.org/sites/default/files/agdr3study.pdf.
[2] 出处同上。

了解他人的真实动机

意识到我们对别人做出假设的思维过程，会给予我们改变的力量。利用假设之梯这一工具，可以帮助我们更加有效地了解别人及其真实动机，因为我们根深蒂固的思维模式常常导致我们对别人产生误解。我们可以问别人澄清式的问题，去弄明白我们对其行为的假设是否正确，这样一来，当我们了解到别人实际上的所见所想时，就可以丢弃那些错误的假设。于是，我们与别人的冲突就会变少，互动会更积极。

在若干年前为《基督教科学箴言报》写的一个专栏里，亚特兰大的经济分析师卡洛斯·罗沙达揭示了这一目标的精髓。他说，他梦想有一天，人们终于变得足够开放，将拉美裔人看得和别的群体一样具有多样化特征，也能把他视为一个恰好是拉美裔的经济学家。他写道："我不想生活在一个将我的肤色当成是唯一重要属性的世界上，而如果有人基于我的种族背景胡乱推测我的信仰、才智和习惯，我会觉得受到了冒犯。"①

---

① 卡洛斯·罗沙达：《政治正确：语言上的白日梦》，发表于《基督教科学箴言报》，1998年7月16日，16版。

练习用探询来平息愤怒

还记得那个与员工陷入僵局的非营利组织的管理者吗？在我们的一次研讨会上，她利用假设之梯来审视她对整件事的看法。那个管理者——我们就叫她迈拉吧——告诉我们说，她此前对她的员工——我们叫他安东尼奥好了——很失望。当迈拉终于冷静下来之后，她认出了她爬上的那架假设之梯。她写道：

背景： 我们两个人工作的大楼，具体来说，是我们团队开会的会议室。

事实： 这是第一梯级。我是团队的经理，而安东尼奥是为我工作的团队成员。在团队开会时，安东尼奥说他没赶上一个截止日期。他没在规定期限内完成我分配给他的一项任务。

解读： 我立刻爬上了梯子，来到第二梯级。我把安东尼奥解读为一个效率低下的拖延者，认为他要花很长时间才能完成任务。我甚至开始觉得，安东尼奥是个工作拖拉、老是盯着钟表等着下班的人，还拉低了团队的整体绩效。

我当时忽略了他在会议结束后有意留下来，主动和一些团队成员交谈的事实。原来，他是为了从他们那里获取信息，以便帮助他加速完成工作任务。

动机： 我继续冲上第三梯级。我给安东尼奥强加了一个动机——他厌倦自己的工作，非常满足于按部就班地干活。我进一步假设他只在乎他那份固定薪水，毫不在意自己的工作表现。我甚至还假设他不在乎团队的运作情况。

因为我强加给安东尼奥的这些动机，我开始有选择性地看到相关的事实，忽视了不符合个人假设的事实，并且坚持这样做。因为我假设安东尼奥对他的工作不感兴趣，所以就开始只注意到那些他不积极参与的情况。这就导致我发现了更多他似乎不在状态的时候。

归类：于是，我转瞬之间就飞快地爬到了第四梯级。我对安东尼奥有了成见，认为他是一个典型的尸位素餐的工会成员。还有，这也让他并不在乎达不到管理层要求的工作绩效指标可能带来的后果，比如说遭到解雇。

行为：突然，我发现自己冲到了梯子的顶端。我对安东尼奥非常愤怒。我不再期待他好好工作，决定不再给他为团队做出贡献的机会，不再与他分享信息，也不要求他参与团队工作。我和团队其他成员交谈时，有时甚至会说些鄙视他的话。

这样持续了好几天，我觉得我生安东尼奥的气非常合理。接着，我逐渐开始怀疑，他会不会是一个很难专注于手头工作的人，或者他的私生活中发生了什么事情，让他难以专心工作。我开始意识到，我甚至想不起来那些让我对安东尼奥做出假设的事实了。随着自我认知逐渐提升，我开始质疑那些针对他的假设。

最后我决定：我该做的第一件事情，就是和安东尼奥分享我的假设，所以我安排了和他面谈。面谈一开始，我就问他最近怎么样。他的回答真的让我大开眼界。他说他是一个完美主义者，很难应付紧迫期限带来的压力。而当工作特别重要的时候，这个现象就尤其明显，因为他会感觉没有足够的时间把工作做到尽善尽美。他承认，这经常导致他在无法按照自己的高标准去工作时拖延症发作，从而难以完成任务。

这次面谈对我帮助很大，它帮助我爬下了我的梯子，向安东尼奥坦白了我的假设，并承认它们不符合事实。我们能够谈论彼此完成工作的不同方法。我们一致同意，我倾向于快速开始，敢冒风险，而他则更为有条不紊，注重细节。通过交谈，我们两个人都意识到，我们各自不同的能力都会为整个团队的工作带来好处。那次讨论让我们有了一个全新的开始，建立了更加和谐的工作关系。

迈拉告诉我们，假设之梯这个工具改变了她处理纠纷的方法。

"原来我一直觉得，如果需要处理和别人之间的冲突，我会直接公开对质，指出他（她）做错的地方。"她说。逐级爬下梯子的过程，帮助迈拉分析了自己的行为，解决了自身的问题。她这样解释她的顿悟：

我发现，当冲突发生时，如果当时你不从自身入手，弄清楚发生了什么——或者尽快振作起来并着手做好这件事——冲突就会一次又一次地发生。

自从了解了假设之梯以后，我开始把"梯级"的概念变成思想的一部分。这帮助我认识到自己在冲突中的责任，以及如何去防止冲突升级。现在，每当我有了某种心结时，我就会试着问自己：我在第几梯级？该做些什么才能走下来？

迈拉应用早先学习的假设之梯的课程，率先解决了她与安东尼奥的冲突。这扭转了他们的关系，让她的工作氛围大为改观。迈拉描述的那个梯子以及她和安东尼奥的谈话，是构建解决方案的第一步。她承认自己之所以感到沮丧，很大程度上是因为她所做出的不实假设。一旦意识到这一点，她就能够采取必要措施去解决她和安东尼奥的问题。

我们所看到的他人的行为举止，只反映了对方身上实际发生的事情的一小部分。其他人的沟通方式，也许与我们所习惯的方式截然不同。同样，他们也不可能看到在我们的生活中发生的所有事情。我们可能在爬我们的梯子，而他们也可能在爬他们的梯子。重要的是，要意识到我们的梯子的存在，以及我们如何凭借假设爬到了现在的位置。这可以为我们打开一扇门，去探寻他人身上究竟发生了什么，并且了解更多的细节。更重要的是，我们需要知道，究竟应该做些什么才能爬下梯子，并且能够基于事实和真相——而不是错误的假设——来进行一场有意义的交谈。

如果你发现自己在生某人的气，那么想到你可能对其做出了错误的假设，能帮助你平息怒火。为了摆脱愤怒、沮丧和哀伤，你需要学会如何采取不同的行动。愤怒、沮丧和哀伤，是消极的内在情绪，它们会阻碍开放型对话的展开。就像为了参加一项体育运动锻炼肌肉群一样，你也需要训练你的思维，对复杂的人际状况采取一种更为积极的措施。你的首要目标，应该是通过与他人讨论各自假设的合理性，来确定彼此做出的假设的基础。

总结思考

专注于那些占据了你的思想的无意识的、会导致你迅速评判他人行为举止的假设，会为冲突火上浇油。以下这些简单的步骤能帮助你重塑思维，并对别人保持开放的思想：

重塑思维

· 承认你对别人做出了先入为主的假设。当你接收到新的信息时，要意识到你已经形成的假设，并试着将它们放在一旁——

至少暂时如此。

·专注地扪心自问，探寻那些假设的起源。想想那些在你的成长经历中，对你的思维方式有重要影响的人。

·每天都勤勉地观察你对别人做出的反应。将你和他人的互动看作是一个更好地了解你的思维如何运作的机会。

对别人保持开放的思想

·愿意接受这种可能性——人们并不总是符合你的思想对他们的归类。允许自己以不同的思想对待他人。

·允许你自己想象一个场景的其他可能性，而不是仅仅局限于你的第一反应。也许你的第一反应并不正确。

·当你自以为了解别人行为背后的意图时，要想出一个不同的解释。要知道，你对别人行为动机的最初推论，来源于你的生活经历，而你的经历往往和别人的截然不同。

活动：训练创建假设之梯

用以下练习来训练你创建假设之梯。

有多少个F?

用一到两分钟时间看完以下这段话，然后数一数字母F出现了几次，如果可能的话，请其他两个人做同样的事：

Feature Films are the Result

of Years of Scientific

Study Combined With

the Experience of Years.

（故事片是多年科学研究加上多年经验的结果。）

你数出了几个"F"？你们三个人数出的"F"数量一致吗？我们让几组人做这个练习（大概共有二十个人），而答案从来没有一致过。通常，这个活动会在"谦虚"这一美德方面给我们一个有趣的教训——我们往往连基本事实（假设之梯的第一梯级）都无法达成一致。你们看到的是相同的一段话，本该数出相同数量的字母F。（顺道提一句：答案是六个。）

"我寻找"练习

这项练习分为三个环节：

· 我以为某人是怎样的。

· 采访。

· 我了解了什么。

这些是你具体要做的：

· 我以为某人是怎样的。针对某个近期和你打过交道（不一定是发生冲突）的人，写下你头脑中的假设之梯。

· 采访。约好时间，和那个你近期打过交道的人交谈。询问对方是否愿意分享你对他的假设之梯——那是你根据上次的经历写的。如果对方愿意让你这样做，就与其讨论你的假设看上去有多准确，并写下对方的评论。

· 我了解了什么。结束采访之后，比较你的假设之梯和受访者做出的评论。关于你对他做出的假设的"准确性"，你得到了什么教训？把它写下来。

如果一个人

无法碰触自己的心灵，

就无法碰触他人的心灵。

---◆◆---

林白夫人

Chapter 3 >>>
自我认知

不管你如何解读某人的行为举止，不管你如何评判某种情况，那都只是你个人的看法，而你的看法只是诸多可能的看法之一。

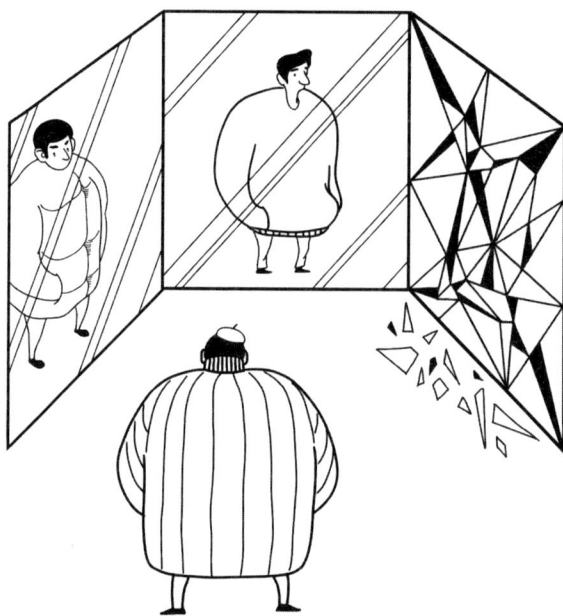

　　很多时候，假设之梯会暴露你自己根深蒂固的信念。我们中的一个人曾接触过娜塔莎，当时她是旧金山湾区一所大学的大一新生，很难和同学们打成一片。娜塔莎刚从乌克兰来到美国，发现自己畏惧和同学来往。她头脑中有一个声音告诉她："去结识那些同学吧，他们可能很有趣。"另一个声音则警告她："这样做的话，可能会被别人利用。"那段时期她感到惶惑。

　　为了不再惶惑，娜塔莎必须深入内心，发现个人顾忌的根源，进一步了解自己到底是什么样的人。在本章稍后部分，你将读到她的发现之旅。

自我反思

　　提高自我认知是心理健康的基础。你需要学会掌控自己的情绪，特别是在你急于对他人做出评判时。这会培养你注意到自己的想法和感受的能力，但不必非要依其行事。就像你在第二章中读到的那样，如果在行动之前，你就认识到自己的想法可能有多么离谱，你在谦逊方面就能有所提高。

你需要谦虚地认识到，不管你如何解读某人的行为举止，不管你如何评判某种情况，那都只是你个人的看法，而你的看法只是诸多可能的看法之一。它只是你自己主观想法的特定集合。每当你急于做出评判时，都需要面对你很可能评判失当这一现实。

有些人运用自我反思的能力认识到，正因为他们冲上了自己为对方创造的假设之梯，才引发了他们和别人的冲突，以下就是他们的故事。这些人运用自我反思的能力，通过回到"事实"这一梯级来检查他们所做假设的合理性，从而解决了那些冲突。

社区志愿者的自我反思

凯西和艾琳是社区协会常务委员会的两名志愿者，她们在一次委员会会议上爆发了冲突。以下是凯西和艾琳对会上所发生冲突的描述：

凯西：到了该联系会员续年费的时候了，用在线注册缴费系统会简单得多。我们的经理可以给会员发邮件，告诉他们该去协会网站续费了。这样可以给经理和志愿者们节约大量时间，比上门投递或邮寄信件有效率得多。我们都知道，有些信件会在分拣中丢失，有些则根本没被会员打开过。还有，发电子邮件可以节约很多纸张，有利于环保。

艾琳：很抱歉，凯西，你的主意根本行不通。这些电子邮件最后只会被垃圾邮件过滤器拦截。所以，这样做甚至比我们用常规方法联系会员续费更低效。我知道自己在说什么。我做业务的时候发过大量电子邮件，其中很多从来就没到达预期收件人的邮箱。大量发送邮件，而潜在客户根本收不到，这太令人沮丧了。

凯西：艾琳，你太消极了。

艾琳没有回应凯西。委员会成员继续讨论，没有任何人回应凯西或艾琳。几天之后，我们为凯西和艾琳开了一场调解会。在调解之前，我们已经要求两位女士写下她们冲上的有关对方的假设之梯。

以下是凯西写的：

背景：社区一所房子的客厅。

事实：社区协会常务委员会的成员们讨论用哪种方法收年费

更有效率。

解读： 艾琳对我的提议不屑一顾，她说话既粗暴又自负。

动机： 我认为她想向委员会成员显示，她在这件事上比我专业很多。

成见： 我觉得她就是那种喜欢表现得无所不知，其实很心虚的"假内行"。

行为： 我变得愤怒，指责艾琳的消极毫无理由。

凯西和艾琳将各自的假设之梯带到了调解会上，并在调解过程中与对方分享。在关于各自"梯子"的对话结束后，凯西谈到了她和艾琳在委员会会议上的交流。以下是当时的情形：

凯西： 艾琳，我想对你说声抱歉，我不该在委员会会议上措辞严厉地责备你，还抨击你对我的建议过于消极。我知道，我有时候也会这样对待我的孩子，我正在努力改变。

艾琳：（脸上带着严肃的表情）对，你的确措辞严厉，凯西。

凯西： 我正在努力反思自己的表达方式，而且我知道，我不该对你说那些话。我真的很抱歉，艾琳。

艾琳：（面带微笑）我接受你的道歉，凯西。

尽管艾琳在委员会会议上出言草率，但凯西依旧要为自己的反应负责。凯西意识到她冲上了假设之梯，认为艾琳想要压倒她。深入的自我反思让她能够回到"事实"这一梯级，并为她对艾琳做出的错误假设以及愤怒反应负责。凯西的自我认知和谦逊的态度，为扭转她与艾琳之间的紧张局势打开了一扇门。

聚会成员的自我反思

三十五年多来，一个由十位男士组成的小团体，每周都会聚会一小时，每次都在早晨八点开始。他们轮流当聚会讨论带头人。在一次聚会上，带头人提出的话题是一篇杂志文章，内容是为了过上健康而充实的生活，男士需要做的十件事情。

以下是聚会进行到尾声时，一名组员针对另一位男士冲上的假设之梯。下面就是那名组员的陈述：

背景：某组员的家里。

事实：大概在早上八点五十分的时候，我说："我觉得到目前为止，讨论中少了精神成长的话题，以及我们每个人在这方面需要做的事情。"讨论带头人说："这正好过渡到我的最后一个话题——冥想。"接下来，他带领我们冥想了四分钟。

当冥想结束后，我说："冥想让我想起了我的人生中的一次精神成长经历，就发生在几天前。其中涉及我和一位女士的讨论，她在两天前刚刚失去了丈夫。"

另一位男士说："我住的养老院总发生这种事情，那儿经常死人。"

马上又有一位男士说："我的生活中也发生过这样的情况。"

大概九点的时候，我说："我想与大家分享一下，我是怎么回应那位丧夫的女士的。"

另一个男士大笑起来，说："你又来了。你总是试图拉长聚会时间，让它超出我们约定好的一个小时。"

解读：最后那个人既冷漠又傲慢。

动机：我觉得不管讨论的话题看起来对组里的其他人有多么重要，他都不想让聚会超过常规时间结束。他没兴趣听我要分享的东西，而我认为这件事和讨论带头人的冥想话题有联系。

成见：我认为他就是那种墨守成规而又顽固强硬之辈。

行为：我感到受了伤害，立刻变得愤怒起来。我说："我受够了。"然后我从座位上站起来，突然冲出房间，夺门而去。

那天早晨晚些时候，我进一步反思，意识到自己冲上了假设之梯，而这和我自身的行为模式有关系，和那位男士的言论反而关系不大。我冷静下来，爬下梯子。然后，我给那位男士发了以下的邮件：

我很抱歉今天早上对你的言论做出那种反应。当你说我讲了太久时，我感到受了伤害，然后就生气了。因为小题大做而焦躁易怒，正是我试图改变的。我的反应和你说的话毫无关系，只和我一直以来应对批评的方式有关。现在，我的心态需要更加开放，好好听取像你这样的人的意见。

我为早晨冲你发火道歉。你说的话对我很有帮助，它让我意识到自己无意识的行为，我需要有所改变。我一定会做到的。

意识到自己对批评做出暴怒反应的习惯性模式后，这位男士很感激那种让他承诺做出改变的自我觉悟。他告诉我们，就在发出电子邮件的同一天，他收到了那个在聚会上激怒过他的男士的积极回复，内容如下：

感谢你的来信。我本来准备打电话给你，为伤害了你的感情道歉，可是你领先了我一步。我认为你有时的确有无意识地想要延长会议时间的倾向，但是包括我在内的所有人都知道，你其实是出于好意。

初中女教师的自我反思

不妨看看四十五岁的初中女教师莎拉的故事。她联系了我们，让我们帮助她化解与一个学生的冲突。她运用本书中描述的方法，积极地处理她的感受。以下是她描述的事情经过：

那是春季学期的最后一周。此前一天，因为我病了，代课老师给我的学生们上了课。我站在教室门口，问候走进来的学生们。我很喜欢我的学生，并且相信我在本学年里和他们建立了融洽的关系。这一整年，我辛辛苦苦地教育他们，我相信他们会感激我付出的努力。

当一个男孩走进门时，我和他开了一个小小的玩笑。我说："今天你是想让我上课，还是想让代课老师上课啊？"他居然说："代课老师！代课老师！"当时，我简直不敢相信自己的耳朵。他的话深深地伤害了我。

以下是我在头脑中为那个学生创造的假设之梯：

背景：初中七年级社会学课程的教室。

事实：快上课前，我站在教室门口，在学生们进教室时欢迎他们。我问一个男孩："今天你是想让我上课，还是想让代课老师上课啊？"

他说："代课老师！代课老师！"

解读： 他的言词无礼而又冷酷，令我感觉受到了伤害。

动机： 我认为在学年的最后几天里，他想在教室里和朋友们玩笑打闹。他知道代课老师会让他这样做，而我不会。

成见： 他就是那种经常说些狠话的典型的十三岁男孩。

行为： 我感觉受了伤害并得出一个结论——我自己一年来为了教育学生付出的辛苦劳动全是白费功夫。我当着全班的面哭了并告诉我的学生们，我觉得没有受到尊重。

那天放学后，我回到家里，哭了一整夜。我觉得自己作为老师很失败，虽然我为这个职业投入了整整十七年的时间。第二天，我决定辞职，来年不再任教。做了这个决定之后，我感到彻底的放松和平静。

接下来的几天里，我和我的丈夫、父亲以及一些密友进行了长谈。和他们交流得越多，我就越发意识到，辞去教职的决定，是在我心情低落、挣扎于那个男孩针对我的话所带来的情绪效应时做出的。我开始思考头脑中因那个男孩对我说的话而创造的假设之梯。我尽力回到"事实"那一梯级，然后搞清楚我的假设有多么离谱。

我向自己承认，我觉得那孩子的话是针对我的，而其实那些话和我毫无关系。我意识到，在学年的最后几天里，毫无疑问，他渴望离开学校去过暑假，并且单纯地只想在教室里玩耍。那些话只是出自一个厌倦了上课的男孩之口，而不是一个不尊重我的孩子说的。考虑到这一切，我深吸了一口气，又慢慢地呼出来，最终决定还是继续在那所学校任教。

莎拉经历了一次由衷的自我反思历程。她审视内心，确定了都是因为她冲上了假设之梯，才会因那个学生的话感到痛苦和愤怒。她为自己的假设负责，承认它们很可能并非基于现实，承认她确实有些武断，认为对方说的话就是针对她的。最后，她发现辞职的决定太过冲动。这一发现让她的内心平静下来，从而改变了辞职的决定，继续在她的学校任教。

对银行经理的错误归罪

假设之梯这一工具曾经帮助我们的一位客户认识到，他在银行处理问题时操之过急。一天早晨，在去办公室的路上，该客户去了当地分行存几张支票。以下是到达银行片刻之后，他在头脑中迅速冲上的假设之梯：

背景： 银行的ATM机前。

事实：我们的客户插入银行卡，输入个人密码，屏幕上没有出现可以将支票存入活期存款账户的选项。他取出银行卡，又插进去，再次输入个人密码，还是没有存入支票的选项。他又取出卡片，第三次插进去，输入个人密码，依旧是同样的结果。他取回卡片，走进银行并排队等候，以便告诉柜员ATM机出了问题。

解读：他认为ATM机上没有出现存入支票的选项，表明机器的软件出了故障，这说明该分行的经理不称职。

动机：他觉得分行经理根本不关心客户无法办理重要的金融业务，没把这样的"小事"放在心上。

成见：他认为当地分行经理就是那种典型的总行管理层成员，主要的关注点是实现银行利润最大化，以便取悦股东，而不是满足客户的需求。

行为：他径直走到一个有空闲的银行职员面前，并觉得自己的愤慨相当合理。他告诉那个女职员说，外面的ATM机软件坏了，因为他插进储蓄卡并输入密码后，并不能把支票存入活期存款账户。对方的回答是，她很乐意让分行经理和他谈谈。

她走了出去，几分钟后带着经理回来了。带着对ATM机的强烈不满，他把对那个职员说的话又告诉了经理一遍。经理说："我们到外面的ATM机那里去吧，让我看看是什么问题。"

此时，事情出现了转折。

客户告诉我们，当他们来到ATM机跟前后，经理让他把储蓄卡插入机器，输入个人密码。他照做了。他们看着屏幕，上面没有出现存入支票的选项。然后，他让我们的客户取出银行卡，他也照做了。经理问他是否可以看一下卡片，于是我们的客户把卡片递给他。经理看了看卡片，还给他说："这是你的信用卡，不是储蓄卡，所以你在屏幕上看不到存款选项。"

我们的客户感到十分羞愧，意识到他冲上了没有任何事实依据的假设之梯。他立刻爬下梯子，为自己对经理的错误假设以及说话时的愤怒语调一再道歉。他告诉经理，自己很抱歉耽误了他的时间。

我们的客户对经理说，以后他再存支票的话，会确保用的是储蓄卡而不是信用卡。经理大度地接受了他的道歉，两人还握了手。经理回到银行里面，而我们的客户用储蓄卡存了支票，带着对经理友善地处理好这件事情的感激之情继续上路。

当经理告诉我们的客户，他使用的是信用卡而不是储蓄卡时，后者立刻承认他做了一些没有根据的假设。他的认知源于他正视了事实——在ATM机的问题上，他把自己的错误归罪于银行和银行经理。这一认知让他提高了自知之明。他比以往任何时候都更加清楚，他需要接受一个现实——他需要为自己对生活中所发生的事情做出的反应负完全责任。

童年时期的成见

我们对娜塔莎解释过什么是假设之梯。她是刚从乌克兰来的大一新生（我们在本章开始的时候向你介绍过她）。接着，她运用这个工具来思考童年那些让她困扰至今的事情。以下是她的叙述：

二十岁的时候，我离开乌克兰来美国上大学。我清楚记得离开时妈妈给我的建议。她告诉我不要和犹太人或是黑人男性建立亲密关系。我对她的话一点儿都不惊讶，因为我的家庭成员，以及我所认识的大多数乌克兰人，一般都避免与和自己不同的人来往。

从幼年起，父母就告诉我，和犹太人打交道要特别小心，因为我的父母认为他们自私、狡猾、贪婪。父母对我说，犹太人会为了达到自己的目的而不择手段，为了自己发家致富而不管别人死活。这种对犹太人的怀疑和公然的憎恶并非我的家庭所独有，很多乌克兰人都是这样认为的。

在乌克兰，人们对黑人也有成见。这可能始于二十世纪六十年代，当时有成千上万的非洲留学生来苏联上大学。这些学生是很多乌克兰人首次面对面接触到的大型非洲团体之一。乌克兰人将他们视为来自奇怪国家、身上带着罕见疾病的外国人。

非洲的男学生们不习惯乌克兰人很少在大街上和陌生人说话的习俗。因此，当他们主动接近不认识的乌克兰人，还大声与其说话时，就会被认为鲁莽而粗俗。当非洲男性邀请乌克兰女士参加社交活动时，这些男性就被贴上了"容易发情的黑武士"的标签。

当我还是个小姑娘的时候，有一次妈妈带我去餐厅吃晚饭，在餐厅排队时，我们不得不排在一些非洲男学生后面。这是我第一次如此近距离地打量这些不同的人。他们用我所不知道的语言交谈。我看着他们的手，并与自己的作比较，鲜明的对比让我震惊。我记得自己害怕得不敢看他们的脸。

妈妈离开了几分钟。她走后，其中一名非洲男性转过身来，用蹩脚的俄语向我打招呼，还拍了拍我的背。我没有花时间去思考发生了什么，只记得自己感到惊讶、恐惧和愤怒。我逃离队伍去找妈妈。当我告诉妈妈那个陌生人的举动时，我的身体还在颤抖。

尽管我现在长大了许多，而且生活在美国，但我好像还是怀有那些成见。我依旧害怕那些我对其有成见的人。我决定写下自己对这些人的假设之梯。以下是我写的：

背景：我的家乡——乌克兰基辅。

事实：妈妈告诉我，别和犹太人以及黑人男性来往。

解读：妈妈觉得犹太人贪婪、狡猾、残忍；黑人男性野蛮、粗鲁、肮脏、好色。我完全接受了她的观念。

动机：妈妈认为犹太人个个都一心钻在钱眼里，黑人男性热衷于占女人身体的便宜，我也认同她的看法。

成见：我和妈妈都这样认为：犹太人是一群不择手段地攫取财富的宗教狂热分子，男性黑人属于低等种族。

行为：我和妈妈一样害怕犹太人和黑人男性，尽量避免和他们接触。

我正在努力接受我对他人抱有偏见这一事实，尽管那种偏见不是我个人选择的结果，而是我在乌克兰长大时周围的人传染给我的。我希望能通过爬下假设之梯来扭转这一局面，忘记那些假设和偏见。我一直提醒自己，既然别人能够在我小的时候教会我这些东西，那么现在我同样应该能够教会自己放弃它们，用基于事实而不是恐惧的看法取而代之。

让自己的心胸变得开放，掀掉成见的面纱，的确需要付出许多努力。但是，我想更好地去了解那些外表以及言行举止和我不一样的人。所以我的目标是尽量和他们沟通，深入了解他们。我意识到如果不这样做的话，我就会永远害怕那些表现得和我不一样的人。

娜塔莎达到了更高层次的自我认知，这让她能够理解童年时期习得的成见如何妨碍她将同学当作独立个体加以了解，并不恰当地将其视为某个群体的代表——对于后者，人们总是毫无依据地进行僵化刻板的定性。

娜塔莎意识到，她必须付出真诚的努力去打破既有成见，让生活变得丰富多彩。否则，她就会始终畏惧，不愿意和不同于她的同学建立关系，而其行为举止也势必会继续受到这一心态的影响。

如何提高自我认知

对于日程安排紧凑的人们来说，投入时间进行自我反思来提高自我认知，需要付出巨大的努力。提高自我认知，就像练习乐器或者从事体育训练一样，目的是为了"内化"新的行为举止。你越是经常性地投入时间提高自我认知，那么在遭遇和解决人际冲突的时候，就越是容易记得如何充分意识这一过程并将其付诸实践。

每一天开始时，都要悄悄地提醒自己：要积极地解决冲突。充分思考下面的每句话，为一整天的精神面貌做好准备：

·我要珍惜今天可能出现的一切练习解决冲突的机会。

· 当这些机会出现时，我会力争注意到它们。

· 我乐于利用这些机会来进一步练习如何解决冲突。

· 我会尽可能富有创造性地积极应对冲突。

· 我希望能够通过自己的努力学会化解冲突。

· 我会感激那些有利于我的进步，让我获得有创造性的解决方案的机会。

当一天结束之后，花几分钟来反思这一天过得怎么样。以下是几个如何自我反思的例子：

· 写一篇日记或者博客。

· 画画。

· 做电子图表。

· 作曲。

· 冥想。

挑战自我，尽可能"暴露"过去形成的假设，判断它们对你当下的行为举止产生了什么影响。要暴露你的假设，意识到它们的起源，判断它们和当前情况的关联性，避免继续生活在那些随着时间推移而逐渐形成的毫无根据的假设中。只要花时间来检验自己的想法，你就会发现自己不太可能固守成见。

总结思考

以下方法有助于你观察并审视自己当下对待别人的行为举止：

· 识别出他人那些令你觉得讨厌的行为。

· 向自己描述你对别人的言行做出反应时的具体表现。

· 识别出当时导致你那样做的情绪。

· 承认当时的情绪是你自己而不是别人造成的。

以下方法有助于你试着弄清楚为何你的大脑总是急于评判别人：

· 辨清你对他人的感觉是积极还是消极。

· 识别触发了这些感觉的想法。

· 察觉一切会让你戴着"有色眼镜"观察他人行为举止的成见。

· 意识到那些成见没有客观性和合理性，它们只属于你个人。

· 识别那些可能导致你形成这些成见的早期生活经历。

· 反思这些成见现在是否合理。

活动：专注于你的成见

这项练习能够帮助你专注于你对他人的成见。

自省

利用你刚刚读过的娜塔莎尽力提高自我认知、逐步抛开长期严重影响她的成见的故事，想出一个你可能对别人怀有成见的情况。写下当时的情况或者场景，以下述方式概括你给别人贴的成见标签：

·大多数（不同群体或类型的人的名称）都具有（写下该群体的特征）。

·大多数（不同群体或类型的人的名称）都表现得（写下该群体的行为举止）。

写下你认为是什么导致了你对此人具有成见，认为其必然具有此类特征和行为。以下是一些可能的原因：

·当时这似乎是常识。

· 我听到父母说过同样的话。

· 我敬重的某些人告诉我，这一成见是真的。

· 我听到朋友们这样说。

· 我根据自己当时的所见所闻形成了这个想法。

从那时起，你有没有得到与你给此人贴上的成见标签相矛盾的最新信息？如果有，那就概述这一最新信息；如果没有，试着找一些可能与成见相矛盾的新的信息。

根据你接收到的新的信息，重新思考你对先前描述过的那个人的成见。以替换先前成见的方式，写下你对此人的看法：

有些（不同群体或类型的人的名称）可能表现得（写下基本特征），但是这个群体中的很多人可能并非如此。

Chapter **4** >>>
倾　　听

　　你渴望领会到说话者的言外之意。你的目的是要理解说话者的情绪及其言论背后的动机。这并不一定意味着你要赞同对方，或者希望其改变观点。你不是要试图解决问题。

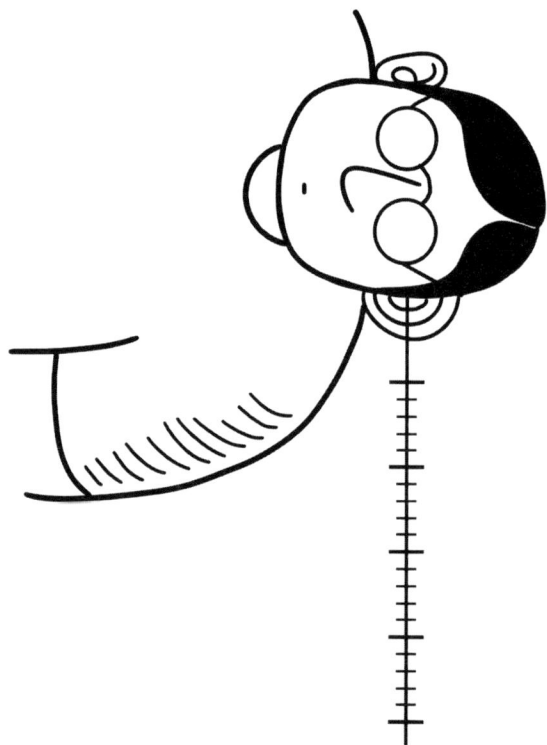

　　我们有一个同行是心理健康专家，她和一个志愿者组织合作，参与赈灾工作。她受过大量训练，可是仅仅在第三次执行完任务之后，她就决定放弃，因为她的上司不能很好地倾听她要说的话。"真遗憾！就因为几个当权者缺乏倾听的能力，不能有效地处理我的情况，不但迫使我不得不提前撤退，也浪费了宝贵的资源。"那个同行这样说，我们姑且就叫她凯茜吧。稍后，我们会思考凯茜的上司当时原本可以做出的不同反应。

　　学习如何去倾听，是一项我们本该在很小的时候就获得的能力，然而学校里却很少传授。你记得孩提时代，有人教育你要去"倾听"吗？进入青春期前，有人告诉过你"需要去倾听"吗？当你完全进入青春期后，你的父母是否冲你喊过"好好听我说"呢？

　　如果你是那种典型的青少年，当父母叫嚷时，你可能根本没在听，而他们的叫嚷也无助于你倾听。那怎么可能有帮助呢？从没有人教授过你倾听的技巧。仅仅通过观察去学习倾听，需要用一辈子去进行模式识别。往好里说，这也是极具挑战性的。正如孩子通常不能靠自己学会阅读一样，不经过训练，人们也学不会如何真正去倾听。

从最简单的意义上讲，倾听涉及将心思从自己身上移开。这件事说来容易做来难。当别人和我们说话时，我们经常会产生一些情绪。这些情绪会吸引我们的注意力，让我们不再关注对方在说些什么，当我们专注于如何应答时会更加分心。说话者的需求和我们自身的需求可能会产生冲突，导致我们极少能够做到有效倾听。

当人们使用"倾听"这个词时，他们指的是听到话语并理解其内在含义这一过程。可在现实中，我们根本不去倾听。大多数时候，一个人说话，另一个人只是为了应答而听。这个"听者"积极地寻找这些话语与他的关联性，以及他如何能顺利地过渡到他自己的故事中。

全神贯注，是深入倾听他人的关键。与此同时，你必须意识到你自己的想法和情绪，并暂时将它们置于脑后。这样才能专注于说话者。这个过程在一次对话中可能反复出现。注意到自己走神，然后再将注意力重新转向说话者这一能力，是深入倾听的基本要素。

当你能轻松地投入更多注意力在说话者身上时，你就为学习新的倾听技巧奠定了基础。你会更加深刻地意识到需要与说话者进行讨论，以确保你听到的就是他们试图表达的内容。这样可以让说话者知道你所理解的内容。你可以对说话者这样讲："你说的话我是这样理解的，你看对不对？"通过深入学习如何"为了理解而倾听"，你将进入一个能够识别他人情绪以及理解其行事动机的新世界。

领会说话者的言外之意

当你"为了深入理解而倾听"时（下文简称为"深入倾听"），你渴望领会到说话者的言外之意。你的目的是要理解说话者的情绪及其言论背后的动机。这并不一定意味着你要赞同对方，或者希望其改变观点。你不是要试图解决问题。你是想和他人进行更深层次的交流，更加深入地理解对方。

当你真诚地去倾听并努力领会他人的意思，而非对你所听到的内容立刻做出判断，单纯的倾听就转变成深入倾听。这需要具有一种控制思绪和表达欲望的能力，这样你才能真正领会他人在说什么。然而，保持安静并不意味着你完全不参与。深入倾听是一种主动性的体验。

要对他人的情绪保持敏感，你不仅要注意他们的言辞，还必须注意他们的语调、姿势以及面部表情。为了注意到别人观点中的细微之处，你需要思考一下别人当时可能做出的判断和产生的情绪。然而，除非经过对方的确认，否则你不应该认为你的初步想法是正确的。

同理心是深入倾听的一个必备要素。它是理解他人想法以及感受他人情绪的能力。这种能力不同于那种能够意识到他人的处境，并为其感到遗憾的同情心。

当你展现同理心时，你能够与他人共处很长一段时间，从而有可能改变你对他人的最初假设。你可能会发现，起初所推测的一个人说话的意思，和最终了解到的他试图告诉你的东西截然不同。

二十世纪的美国记者和广播撰稿人布伦达·尤兰写过一篇经典文章《告诉我更多关于倾听的艺术》，文章列举了若干可以展现同理心，以及学习深入倾听的最重要的元素。

在尤兰看来，"真正的倾听者比说话者更受爱戴，更具吸引力，而且更有效率，学得更多，做的好事也更多"。①尤兰强调了倾听者与我们同在时所具有的创造力。它能够让讲述故事的人们得到前所未有的倾听体验。全神贯注地倾听他人的叙述，有助

---

① 布伦达·尤兰：《告诉我更多关于倾听的艺术》，出自《剑臂：文集选》（明尼苏达州德卢斯，圣牛出版社，1992年）。

于我们与他们话语背后的情感产生共鸣。

我们全力推荐尤兰关于真正倾听的建议：

尝试学会安静，每天都要"活在当下"。时常对自己说："现在。现在有什么事呢？这位朋友在说话。我很安静。时间很多。我听到了每句话。"

然后在突然之间，你开始注意到人们真正要表达的意思，而不仅仅是他们的言语，你能认识到他们全部的真相。而且你感受到的不是零碎的存在，不是这个或那个对象，而是一个清晰透明的整体。

尤兰建议读者去倾听自己的配偶、父母、孩子以及朋友的心声，去倾听"爱你的和不爱你的人、让你厌烦的人乃至你的敌人"的心声。她说："这就像一个小小的奇迹，也有可能会是一个伟大的奇迹。"

尤兰 ·针见血地指出，只有两个或更多的人相互深入倾听，完全沉浸在对方的境遇中，并给予对方全心全意的关注，才会存在真正的情感关系。唯有毫无保留地敞开自我，并得到别人同样直率的回应，才能在交流中完全展现白我，而不仅仅是肤浅地展示其中的一小部分。

妨碍"深入倾听"的行为

当两个或更多的人进行对话时，许多事情都可能妨碍深入倾听。以下是会妨碍交流的一些行为：

· 不停地说话，甚至很少停下来喘口气，几乎不给对方回应的空间。

· 为了表达观点，经常很大声地重复所说的话。

· 假设他人不重视你的观点，于是对那个人随后所说的话做出负面反应。

· 立刻反对别人说的话，并辩称你的观点才是"正确"的。

· 打断别人的话，插入你自己的观点。

· 在别人刚刚说完一段私人经历之后，不问他是否有兴趣听听你的故事，就立刻说一段你自己的经历。

· 过于激烈地表述你对一个问题的看法，让对方觉得你充满戒备。

· 以挑衅的方式回应挑衅你的人，通常导致"以眼还眼，以牙还牙"的局面出现。

缺乏倾听能力的当权者

正如尤兰建议的那样，如果我们真正倾听他人的诉说，就可能创造出一个奇迹。然而，当人们没有听你说话时，这样的奇迹就不多见。相反，你可能会很容易地感到孤立、受挫和愤怒。我们那位和灾害救援组织共事过的同行凯西，事后就是这样描述她所经历的严峻考验的。有关不去倾听会怎样影响到别人的感受，她的故事就是一个很好的教训。我们一同来倾听凯西的讲述：

几年前，我在一个紧急救援组织报了名，接受了面向志愿者的全方位培训。心理健康专家志愿者供不应求。有时候，志愿者们充其量仅能提前24小时得到通知，并且必须愿意在灾难现场工作至少两周。这就意味着我不得不在仓促之间向上司请几天假。

有一次，接到救灾电话后，我飞往三个时区之外的州，入住酒店后向志愿者总部报道。接待我的是心理健康副经理萨姆，他本人也是一名志愿者。他指派我去车程两小时之外的救灾中心做一项为期三天的需求评估。

出于安全原因，我对这个安排有些担心。在救灾工作上，我还是个新手，之前只出过两次任务。那两次我都是和另一个志愿者一起去任务现场的。这一次，我要独自开车前往水灾地区。

我告诉萨姆说："我想去工作，可我不确定自己一个人是否能行。你能不能再派一个志愿者和我一起去？"

他回复道："志愿者人手紧缺，所以我不可能再派人和你一起去。你是专家。要是你做不了这份工作，你就没必要来这儿了。赶紧去做吧。"

我仍有一种反胃的感觉，我说："可我刚和另一位心理健康副经理谈过，她告诉我，其实今天早些时候，她在那个现场做过一次需求评估。她说那个现场不该派心理健康志愿者，因为……"

萨姆打断了我的话，说："那个人无权这样说，你也不该听她的。你为我工作，就得按照我说的去做。别再顶嘴了。你必须去！"然后他就突然走开了。

我觉得萨姆一点儿也不想听我说话。他不告诉我这项任务的目的和重要性，也不解释为什么需要再做一次需求评估。

以下是我冲上的关于萨姆的假设之梯：

地点：灾后不久的志愿者总部。

事实：萨姆指派我独自开车去现场见受灾群众，做一项为期三天的需求评估。而就在同一天，另一位心理健康副经理已经在那个现场做过评估了。我和萨姆谈了我对独自去现场以及做似乎没必要的工作的担心。他说他不能改派任务，而且我也不该去管另一个志愿者的评估状况。他说的最后一句话是："你必须去。"

解读：我尝试与萨姆交流，而他对我不屑一顾，态度粗鲁又不专业。

动机：我认为他以为他最在行，不容任何人质疑他的决定，还想要支配我。

成见：我觉得他属于那种身居要职却准备不足的志愿者之列。这种人在专业领域原本永远也得不到这个岗位，因为他们并不具备必要的管理技能。

行为：我变得非常沮丧和愤怒。然而，尽管我对这项安排怀有抵触情绪，我还是按照吩咐，独自去现场做了需求评估。我完成了要求的最低工作量。在那里的三天，我只接触了11名客户。

任务结束时，我还在生萨姆的气。我打电话向他汇报我所在现场极低的活动水平以及人员需求。萨姆打断我，粗鲁地说："我不在乎你怎么想。那里有需要做的工作，后面还有更多的工作需要去做。做决定的人是我，不是你。明天下午一点钟向总部汇报。"因为他的语气很严肃，我有些担心，就问他关于下一项任务的事情。他再一次命令我第二天向总部汇报，然后就挂断了电话。

我对情况感到不安，于是就给总部打电话，请求和萨姆的上司吉尔讲话，她也是一名志愿者。我试图向她解释这个情况，但是她打断我说："凯茜，你从一开始就是个麻烦。关于你和你的工作，我只收到了负面报告。"

她的评价让我感到委屈，我说："在当前这种情况下，我已经尽我所能了。那些负面报告是谁给你的？"吉尔说她是从萨姆那里得到的信息。从一见面开始，我就觉得他对我不屑一顾，态度粗鲁又不专业，所以负面报告出自他的手，我一点儿也不惊讶。

然后吉尔给了我最后通牒："要么完成布置给你的任务，面带笑容地去工作，要么再收到一份负面报告，那样的话你就可以回去了。"她要我当时就给出答复。她不让我讲述我在现场的经历，也不允许我说出对情况的看法。

因为我感到萨姆和吉尔都对我怀有敌意，缺乏尊重，我就直接告诉她说："那我回家好了。"她说："走吧，但是你得自己搞定行程。我还有自己的工作要做。"

我觉得就因为几个当权者缺乏倾听的能力，不能有效地处理我的情况，迫使我不得不提前回去，浪费了宝贵的资源，真是遗憾。有了这样的经历，我质疑这个组织在筛选管理岗位上的志愿者的效率。我给该组织写了一封信，在信中分享了我的经历，并表示我要退出该组织的志愿者行列。

就因为凯茜觉得萨姆和吉尔都不听她说话，导致这个组织损失了一名训练有素的志愿者。如果当初萨姆和吉尔能够为了深入理解而认真倾听凯茜的陈述，结局可能大不相同。

在我们的调解经历中，我们开发了四种技巧来帮助你避免此类行为，并且让你学会如何深入倾听。我们会用凯茜的经历来示范这些技巧，说明萨姆和吉尔当初原本可以深入倾听，做得更好。

如何深入倾听

鼓励

当你鼓励对方说更多的时候，说话者便开始感觉得到了理解。你可以通过提出开放式问题，或采用别的获取更多信息的方法去鼓励他。开放式问题就像问答题一样，不是一两个字就可以回答的，而封闭式问题往往用"是""不是"、一个表示时刻、日期或者地点的词语就可以回答。

当你提出开放式问题时，如果你以一种能让回答者自由地表达自我，并鼓励其分享背景信息、感受和动机的方式提问，就能得到更好的回应。

以下举几个开放式问题的例子：

· 是什么导致了你和对方的争论？

· 是什么让你有了那种感觉？

· 你是怎么处理那个问题的？

· 你考虑了哪些可能解决问题的方法？

· 你们是怎么达成协议的？

· 当你决定在协议中包含特定内容时，都考虑了哪些因素？

如果萨姆和吉尔带着深入理解的意图去倾听凯茜的诉说，以下就可能是他们为了鼓励她更详细地描述她的顾虑而说的话：

萨姆：凯茜，我看得出来你对要去完成的任务很焦虑。我很难完全理解你为什么对独自去现场那么担心。你可以告诉我是什么让你对这件事如此紧张吗？如果我能理解这个任务为什么让你不安，也许我可以给你指派别的任务。

吉尔：凯茜，很高兴你给我打电话。关于你在那个现场做需求评估的经历，我需要你告诉我更多的细节。当我决定我们下一步要做什么的时候，这会给我更多判断的依据。还有，你所说的你和萨姆打交道的方式让我担心。请你详细地告诉我你到底和他说了什么，他又和你说了什么。我需要更清楚地了解你们之间的对话。

当我们愿意在与他人的冲突中后退一步，并真诚地邀请对方详述对话内容时，就有了打破僵局、找到问题根源的可能性。

澄清

为了全面掌握说话者内心的担忧和感受，你不得不更深入地挖掘。承认你还没有完全搞清楚他人因何受到困扰，并不是一件坏事。实际上，这表明了你在真心地做出努力。然后，深入倾听，你必须提出澄清式问题，让对方知道你真的有兴趣全面了解他的观点。

下面列举一些旨在诱导他人进一步解释先前所做陈述的问题：

· 我做了什么让你对我产生这样的感觉？

· 我不太清楚我的行为对你有什么影响，你可以再说一次当我和你说话时你的感受吗？

· 你说我一点儿也不关心你的生活中发生了什么，你能解释一下这是什么意思吗？

如果萨姆和吉尔深入倾听并尝试理解凯茜，以下就是他们原本可以问凯茜的一些澄清式问题：

萨姆：凯茜，你说你之前基本没有在受灾地区的此类工作经验。那你能不能告诉我，在非受灾情况下，对此类工作你有哪些经验呢？还有，你能不能描述一下，在其他受灾场合你做过哪些类型的工作？

吉尔：凯茜，告诉我你在现场做需求评估的经历以及你和萨姆的沟通情况非常有用。关于另一位志愿者那天早些时候在现场的经历，她究竟告诉了你什么，以至于你相信进行另一次需求评估是多余的？在萨姆的语调和用词中，有哪些让你觉得他对你的说法不感兴趣？

复述

在两个人的对话中，每个人都需要感受到对方的认可和理解。确保你理解对方的最佳方法之一是认可对方。你可以用两种方法来做：

· 简明扼要地解释或复述对方所说的话。
· 说出你注意到的对方的情绪。

下面这些类型的话语，表明你正在以一种想要深入了解的方式倾听对方的话：

· 看起来我说的话让你觉得我不尊重你。

· 听起来你现在对我真的很失望。

· 我发现你觉得我对你很粗鲁。

· 从你告诉我的情况看来，你对我很生气。

如果萨姆和吉尔深入倾听并尝试理解凯茜，以下就是他们原本可以说给凯茜听的话：

萨姆：凯茜，看起来你没有受灾地区的此类工作经验，所以你很担心独自去现场。而且由于今天另一位志愿者已经在那里做过了需求评估，还告诉你不需要再做评估，于是你怀疑这项工作是否有必要。

吉尔：凯茜，从你说的话中我发现，你感觉现场其实不需要你，而且你很困惑为什么要派你去。我觉得你和萨姆的沟通情况让你相当沮丧，因为你觉得他不尊重你。

总结

当你总结听到的关键看法和感受时，就给了别人赞同你观点的机会，而如果你第一次没抓住重点，别人也有机会告诉你错过了哪些内容。最终的结果是你和他人开诚布公，让对方能够安心。确保你听清了别人的观点，并不代表你认同那个人的看法。你可能不同意他的观点，但是你希望对方明白你的确听到了，而且已经尽力去理解了。

以下是总结性陈述的几个例子：

·对一个向你吐露心声、想要更换大学的学生说："在高中的最后一学年，大学代表面试你的时候，你对那所学校感觉挺好。现在你已经上完了大一，却开始怀疑这所大学是否真正适合你的学术需求，是否应该接受它的奖学金。"

·对找你谈论你答应戒烟之后的所作所为的爱人说："你对我很失望，因为我答应戒烟却没能彻底戒掉。你觉得我根本不打算真正戒烟，认为我当初告诉你我要戒烟，只是为了让你别再唠叨。"

·对忧心公司财务状况而找你商谈的董事说："你很生气，因为你信任杰克，让他管理公司财务，结果他却让你失望了。为了评估公司的财务状况，你决定要进行一次公正的财务审计。"

如果萨姆和吉尔带着深入理解的意图去倾听凯茜的诉说，以下就是他们原本可以做出的总结：

萨姆： 凯茜，简单地说，看起来你觉得你没有经验和能力去完成我今天布置给你的任务。你还质疑这次任务的重点工作，也就是为期三天的需求评估是否有必要，因为另一位志愿者用一天时间就完成了任务。我还是希望你再去做一次需求评估，来确认今天的评估结果。如果我们能抽调另一个志愿者，我会派人和你一起去的，可是实在没有人手。我们可以做点儿别的什么来让你感觉自在些吗？你自己有什么想法呢？我希望我能帮助你安心接受这项任务。

吉尔：我很欣赏你坦率地说出你不想独自去现场的原因，以及为什么萨姆坚持叫你那样做会让你不高兴。你说花在那个现场的三天时间，原本可以用在你觉得真正需要你的地方。这就是我需要听到的东西。我们需要更好地利用现有的少数专业志愿者。你觉得回到总部后，你、我、还有萨姆，我们三个人谈一谈这件事怎么样？如果我们能够从最近的经历中，学到怎样能把事情做得更好就太棒了。

打开讨论之门

你应该永远深入倾听，而不是仅仅为了做出回应而倾听。当你深入倾听时，你需要对说话者表现出你真的在意他要说的话。通过话语，你可以明确表达出诚挚的兴趣。这样一来，对方就很可能不再坚持他的立场，开始对你本人和你的看法持开放态度。

由此带来的结果就是：你为对方对你做出假设的事实依据打开了讨论之门。你帮助那个人探索了其想法的根本原因，而如果对方对你做出了任何错误的假设，你还帮助他找到了一条纠正的途径。这意味着你的确做到了深入倾听。

聚精会神地倾听他人说话，是一项艰苦的工作。我们的同行彼得·皮尔森作为治疗师，已经花了二十多年时间帮助伴侣们解决冲突。皮尔森和妻子艾琳·贝德在加利福尼亚州门罗公园建立了伴侣学院。他在工作中发现，倾听的需求，比自我保护和自我防卫的需求更为强烈。

在皮尔森看来，这当中是有生理学原因的。他说，当人们有戒心时，大脑的边缘系统会变得活跃起来，更多血液流向这个区域。流到大脑中负责逻辑分析的部位的血液（氧气）随之减少。当大脑逻辑部位的机制开始运作时，你才能后退一步，做到深入倾听。可当大脑的逻辑部位获得的氧气比边缘系统少的时候，就会干扰你分析事情的能力，其结果就是你在情绪上会反应过度。

那么，你能做些什么来克服这种情绪反应呢？你又怎么能记得应当这样做呢？皮尔森建议你"呼吸，再呼吸"。皮尔森说，放松地呼吸，会输送更多氧气到大脑的逻辑部位。这样的话，你就能更好地思考。如果你想利用我们的建议去深入倾听，你最好处于上述状态。对了，皮尔森还有一个小窍门：伸展开你的手臂，能减轻所谓"战或逃"的反应。[1]

　　有时候，人们如果不做出即时回应，就没法做到深入倾听，因为他们不愿意表现出正在放弃观点或做出让步的姿态。记住，为了深入理解而倾听，并不意味着你一定要认同或支持对方的观点。深入倾听既不是为了给予建议，也不是要告诉别人为什么他们不该有那种感觉。你倾听是为了理解对方的想法。此时，你没有试图去解决任何问题，只是给予更深层次的关注。

　　当你能够让别人知道你正在倾听他们的感受时（不管他们的感受有多么不合逻辑），他们就能够迅速终止为其内心活动的合理性所进行的自我辩护。然后，他们就能够开始自行搞清楚个人感受背后的那个假设前提。最终，这个过程可能会带来让你们双方共同受益的结果。关于为了深入理解而倾听的四个组成部分的更多实例，请参阅本书后面的附录。

总结思考

　　用这些方法来鼓励别人说出更多的话，以达到深入倾听的目

---

[1] 战或逃反应：心理学、生理学名词，机体经一系列的神经和腺体反应将被引发应激，使躯体做好防御、挣扎或者逃跑的准备。

的。以下是你该怎么做的建议：

· 当别人表达对你的看法时，平息你的思绪。深呼吸，让纷至沓来的想法逐渐消失，这样你才能与说话者步调一致。

· 尽量真正做到就别人对你的看法持开放态度。着眼于从他人那里更多地了解在他们看来你的强项所在以及需要改善之处。

· 探索他人的观点和你的观点一样合理的可能性。不断提醒自己：关于某一特定情况，你的看法只是诸多看法之一。记住，你对任何情况的看法很可能都与他人不同。

用这些方法向对方提出澄清式问题，以达到深入倾听的目的。以下是你该怎么做的建议：

· 对别人从哪里了解到你的行为这一点，能够由衷地感到好奇。向对方提问的时候，要表现出你很希望获得更多信息，而不是给人一种你是在责备他们的印象。

· 坦诚地表达出你想知道别人是怎么得出对你的结论的。要知道，别人通常并不是故意误解你，他们只是冲上了他们自己关于你的假设之梯。

· 除了他们已得出的结论之外，尝试帮助他们找出另一种关于你的行为的结论。问他们是否愿意接受这一可能性：关于你的行为可能有另一种解释，只是他们还没考虑到而已。

通过复述你从对方那里听到的话来深入倾听。以下是你该怎么做的建议：

·用自己的语言来陈述你从对方那里听到的观点。努力记住对方所表达的基本意思，然后用你自己的话归纳。

·和对方分享他的话让你产生的感受。培养出"第三只"耳朵，让你能够和对方内心深处的情绪"共鸣"。

·不断尝试，直到对方告诉你，你所复述的要点以及你所感受到的情绪完全准确。如果说话者似乎对你的倾听能力感到怀疑并直言相告，不要将其视为人身攻击。你要锲而不舍地继续努力。你一定能成功的！

通过总结你从对方的叙述中听到的要点和感受到的情绪做到深入倾听。以下是你该怎么做的建议：

·回顾对方提到的要点并陈述出来。练习把你从对方那里听到的细节性陈述转换成能够概括其所述重点的一般性陈述。

·和对方分享其表达的关键情绪。在你从对方那里"听到"的各种情绪中，着重与对方交流那些占主导地位的感受。

·持续上述过程，直到那个人说你已经正确理解他所表达的关键想法和感受。继续以不同的方式复述你所听到的事情，直到他对你概括的内容感到满意。在对方确信你已听到他所说的全部重点之前不要停止。如果这一过程太长，导致你们双方的任何一方变得疲惫或沮丧，要及时察觉这一点，并换一个时间继续进行。

活动：培养倾听的能力

下面这些任务会帮助你培养倾听的能力。

倾听者的形象

想象你自己作为一个高效倾听者的形象，并给这个自我意象取个名称（用有分量的字眼，比如"知心姐姐"）。

从本章对于为了深入理解而倾听的建议中摘抄一些作为个人指南。

如果你目前或最近和某人发生了冲突，那就设身处地地体会对方的感受，并同那个人完成下面的练习。当你首次和那个人做这些练习时，这对你们双方来说可能都很怪异和陌生。所以，你可能需要向对方解释一下，你正在学习解决冲突的方法，而这些练习对此大有裨益。这可能会让那个人更投入地参与你的练习。

与真人练习

参考为了深入理解而倾听的前两个步骤——"鼓励"和"澄清"，然后完成这些任务：

· 构思四个问题，用来鼓励对方进一步扩展自己的故事并诠释其中的某个部分，以便真正理解对方的处境或情况。
· 约时间和对方见面。
· 重复你的自我意象名称，放松下来，做深呼吸。
· 准备好你写下的问题，以及深入倾听的相关指南。
· 和对方一起练习时，进行陈述并提出问题。

参考深入倾听的后两个步骤——"复述"和"总结"，然后

完成这些任务：

- 复述你听到的对方的观点，表达你感受到的任何情绪。
- 总结你听到的对方所说的事情以及他所表达的情绪。

Chapter **5** >>>
澄清假设

　　有时候，仅凭一次谈话消除不了误会。这可能是一个循序渐进的过程，其间会发生一系列的谈话。这会帮助你认识到，假设都是猜测，可能部分正确，也有可能全错。对别人说出你的假设，是为了弄明白对对方来说，这些假设是否合理。

假设你是一名大一新生，自从本学年开始，你就过得不顺。你学业压力大，还为你在大学男子足球队的未来焦虑。为了成为一名真正出色的足球运动员，你花了大量时间去考虑自己需要为此做些什么。

第一学期即将结束，你必须告诉室友一个他可能接受不了的消息——你打算和别人做室友。尽管你做出这个决定有一阵子了，你的原室友仍然可能会觉得很意外。你和原室友是好朋友，你也想继续这段友谊。

实际上，我们是将若干调解案例合并了起来的。

你该怎样去和室友进行这场"势在必行"的讨论，并尽最大努力维持和他的关系呢？稍后，我们将进一步研究这个困境。

跨地域团队间的冲突

对于每天见面的人来说，化解冲突已经够难了，而当人们分散在全国各地时，未知因素和误解就会更多。

思考这样一个案例：在一家总部位于西海岸的公司，一些同事共同参与一个为培训班开发课程的项目。当一个在中西部地区工作的远程办公人员已经错过了若干时间节点，而且既不回短信和电子邮件，也不接电话时，团队中的另一个成员感到懊恼。

由于联络不上那个远程办公人员，这个感到懊恼的员工——我们姑且叫她帕特吧——凭空做出了很多假设。她的同事突然失联，而且几乎没有什么信息可以解释个中原因，帕特便做出了最坏的假设：他是利用在家办公的条件，来逃避与其他团队成员的即时合作。

帕特无法知道她的同事究竟发生了什么，因为他们没有进行交流，而且彼此相隔太远，无法马上走进对方的办公室，甚至开车去对方家里。帕特和其他两名团队成员在西海岸的公司总部办公，团队的另一名成员在东海岸的驻外办事处，而中西部的那个远程办公人员詹姆斯是在他位于内布拉斯加州奥马哈市的家中工作的。

以下是帕特描述的情况：

关于为培训班开发一套课程的项目，我们每周召开一次电话会议，讨论项目进展，提出行动方案。大量工作内容都要通过电子邮件和附件来交流，几乎每天在这个项目上都会有所进展。詹姆斯会参加电话会议，并和其他团队成员一样提供许多有创意的想法。在培训课程的一个主题方面，他还富有专业经验，而其他人都没有这方面的知识。

然后接连数日，詹姆斯不发邮件，不接电话，也不回短信。他错过了好几个行动方案的提交日期，也不解释原因。其他团队成员和两个经理感到很失望，尤其是因为除了发邮件、发短信和打电话之外，我们没办法联系到远方的团队成员。我们也没办法走进他的办公室和他面谈。有时候，詹姆斯似乎什么工作也没有做。

当截止日期即将到来时，就在早上九点电话会议将要开始前，我们收到了詹姆斯在八点半（邮件显示时间）发出的邮件，里面有大量工作内容。他那边比我们早两个时区，所以他那边的实际发出时间是十点半。团队中没有人来得及阅读或审核他的工作，所以我们无法在电话会议上进行讨论。

在电话会议期间，我嘲讽地向詹姆斯指出这一点："终于把你的工作发过来了，谢谢你了啊，可惜我们没机会看。"其间，我又简短地讽刺了詹姆斯几句。我不是大喊大叫的类型，我更喜欢坐在那儿冷嘲热讽。挖苦有助于释放我的愤怒。

事后回想起来，以下是我冲上的关于詹姆斯的假设之梯。

背景：一个五人工作团队，我和詹姆斯是同事。团队任务是为一个培训班开发课程。

事实：三周以来，詹姆斯没有发邮件、接电话、回短信。他后来的确参加了电话会议。就在截止日期以及我们的团队电话会议之前，他用邮件发送了五十页的工作内容。其他团队成员来不及去审核或在会议期间进行讨论。

解读：我认为詹姆斯的行为轻率、不负责也不专业。

动机：我觉得詹姆斯在家办公是因为他什么都想要：拥有一份高薪工作，住在生活费用较低的州，离岳父岳母家近，后者可以帮着带孩子。与此同时，他又不愿意像我们其他人一样辛勤工作。他不在乎他的做法是否会让团队失望。他想用不和我们保持即时联系的方式，来逃避很可能错过截止日期的后果。

成见：我认为詹姆斯是那种典型的在家办公的员工：家里有没上学的小孩子，不像我们这些每天到办公室上班的人那样，能把时间和精力都投入在工作上。

行为：我在电话会议上对詹姆斯冷嘲热讽。我在工作期间对其他两个本地同事说他的闲话，还向他的上司投诉他的行为。

几天过去后，我的怒气稍有平息，我感觉可以并且应该和詹姆斯谈谈我的想法，以便解决这个问题。因为我和詹姆斯的上司主动谈过此事，我猜想她很可能已经和他有过交流。所以我很乐观，觉得他要么会接我的电话，要么会给我回电话。

我和詹姆斯的确设法通过电话取得了联系。我将之总结为朝正确方向迈出的一小步，因为他总算"现身"了。起初，我们闲聊了几句。我了解到他正在改造房子，而且他的岳母最近一段时间身患重病。我以此为开场白，鼓励他和我们其他人交流。我们其实不需要了解他个人情况的细节，但这有助于我们知道他的生活中出现了特殊情况。

我们继续交流，谈到了当他没有履行责任又突然失联时，我们这些总部同事的失望心情。我称赞了他在那个主题方面的知识，以及他提交工作的高质量。在真正和他交流并听取他的想法之后，我意识到他的确很在乎这个课程开发项目，并且想在团队中出一份力。我也意识到，当我完全无法和他保持联络时，很容易做出他完全不关心这个项目的假设。

我要求他答应我：如果他认为分派的任务不合理，就只接受那些他认为能赶得上截止日期，并来得及和我们讨论的行动方案。我还请求他如果发现赶不上截止日期，要提前告知我们。我尤其请求他和我们保持联络——至少要在一个工作日内回复我们的电话或短信。

帕特认识到，虽然她和詹姆斯的通话在个人计划之外，但她确实开始在想法上走下那架假设之梯，回到事实这一梯级，从而弄清了她的假设。她没有和詹姆斯分享并逐项检查她先前对他做出的假设。但是在他们讨论的过程中，她改变了最初的假设，还和他一起想出了今后的行动方案。

在许多情况下，彼此相距不远的人们，也会互相做出毫无根据的假设。假如彼此没有充分沟通，就会发生这种现象。这种情况会在同一楼层不同办公室的同事之间发生，甚至还会发生在同住一个宿舍的大学生之间。

新生室友之间的冲突

在本章开头部分我们介绍的那个冲突中，你面对的难题是告诉你的室友，本学期结束后，你就不再和他是室友了。考虑一下如果你发这样的短信告知他这一消息的后果：

你：德瑞克，明年我要和内特做室友了。我问过他，他答应了。我想让你尽快知道，这样你就可以马上考虑明年找一个什么样新室友了。

德瑞克：（回短信）等一等！我没搞错吧？你说明年要和内

特做室友？

你：是啊！内特答应明年和我同屋。这完全不是你的问题。我半个小时后回宿舍，到时候和你聊。

回到寝室后，德瑞克对你说："我真没想到你想换室友。我以为我们还会继续做室友。我还以为我们是好朋友、好室友。"

你：德瑞克，我们是好朋友……

德瑞克：你知不知道现在是春季学期期末了？你没看到大家都在准备期末考试并打包回家过暑假吗？现在要找个新室友几乎是不可能的事，特别是今年除了你之外，我都没交上真正的朋友。这个消息太可怕了。

你：德瑞克……

德瑞克：我该怎么去邀请某个陌生人当我的室友？如果找不到新室友的话，我真不知道该怎么办。

你完全理解德瑞克为什么如此生你的气。你意识到德瑞克感觉你背叛了他，抛弃了他。你明白，他可能会通过向你证明你做了错误决定来化解这些情绪。因为你读过本书，你准备用理解的态度去倾听他的话。以下是你们可能的对话：

德瑞克：我想你可能把我今年为你做的事情全忘了。当你参加派对很晚才回来，并打开所有灯时，我从没抱怨过。春假的时候我特地把你带回我家，这样你就不用独自留在校园里了。我帮你摆脱过各种困境。还有谁会这么做？所以，我才会想当然地以为我们明年还会一起合住呢。

你：我知道了！你认为我没注意到今年你为我做的一切，以为我一点儿也不感激你。

德瑞克：不仅如此，你还背着我找了新室友。至少出于礼貌，你也该把你的想法提前告诉我。我真没想到你竟然如此阴险狡诈。你明显是在耍我。我还以为我们关系很好，可显然我错了。

你：我明年要换新室友而没告诉你，所以你为此很生我的气。而且你还以为，我一直在偷偷摸摸地做这件事。

德瑞克：我觉得你背叛了我！你是我最好的朋友之一。如果我连你都不能信任，我还能信任谁？

你：我背着你找好了明年的新室友，这件事让你觉得你不能再信任我了。这就是你的想法？

德瑞克：对！！！我就是这么想的。

通过倾听德瑞克的话并深入理解他，你就能够很好地把握这一信息：为什么他会把你明年要和内特同寝的消息解读为对他的直接无视？德瑞克对这一消息的解读让你感到内疚，因为你从没想过以任何方式贬低他。从另一方面说，你也认为到目前为止，这段对话都是单向的。

你也许会感到沮丧，因为你已经认真倾听了德瑞克的话，却没有机会把你对这件事的看法说给他听。现在，你的职责就是让他倾听你的话。冲突双方都需要为了深入理解而彼此倾听。在彼此没有交换各自的说法之前，要达成最终可以解决冲突的协议几乎是不可能的。

交换各自的说法

你怎么激励德瑞克去倾听你对事情的说法呢？为什么让他倾听你的话很重要？为什么仅仅听到他对事情的说法还不够呢？

当你倾听完之后，德瑞克会感到因为误解而产生的愤怒有所缓解。但是，解释一下你为何会说出令他感到受伤的话，从而减轻你自己的心理负担，这一点也很重要。

你现在所面临的难点，是搞清楚如何激励德瑞克去倾听你的看法。幸运的是，通过首先倾听德瑞克的诉说，你已经创造了两个有利条件：

·德瑞克感受到了你的倾听，尽管他可能仍然对你有些怨恨。我们寄希望于他可能不会觉得自己被迫面对一个"战或逃"的局面。现在，他的头脑、心灵、语调以及肢体语言，都会表现出他可能更易于接受你的话。

·通过专心倾听德瑞克的诉说，你刚刚示范了如何为了深入理解而倾听。按照你的方法去做，他可能会发现这样一来，深入倾听你的诉说就会变得更为容易。

让对方倾听的方法

既然你已经认真地听了德瑞克的话，那么你可以采用下列方法。

让德瑞克知道，你还想和他再谈谈这个情况。这个请求需要你拥有勇气。你想要消除误会，不想让德瑞克继续感到受伤并生你的气。所以，你很希望他听完你要找个新室友的理由。对于德瑞克来说，这些理由也许很可疑。但是请记住，你是在请求德瑞克和你一起寻求问题的解决方案。你希望作为对你尊重他的感受的一种回馈，他会愿意和你共同努力，解决这个让你们俩之间产生芥蒂的问题。

你可以由此开始——告诉德瑞克：你的本意并不是要让他震

惊和生气。问问他，你是否可以分享一下你对于更换室友的想法。实际上，你是在请求德瑞克帮助你探寻你假设的事实基础。向他描述你的理由和观点，并且请他不带评判地摘要复述，正如在首次讨论中你为他所做的那样。

你：德瑞克，我越细想你的话，就越能明白你为什么会有那种反应。起先你的反应让我很惊讶，但现在我完全明白你为什么生我的气了。我意识到我提起这件事的方式真的没有考虑你的感受。我不知道你愿不愿意听听我本来要对你说的话。

德瑞克：你第一次说的时候我就听到了。明年你想要和内特合住。就是这样！你似乎忘记了今年我在学习和生活上对你的所有帮助。

你：我完全明白你为什么会这样想。我不知道你能不能给我一个机会，让我解释一下为什么我这么做？

德瑞克：（迟疑地）如果你非要这样做的话，那好吧。

你：我请内特做室友，绝刃不是因为你的缘故。你在学业上对我帮助很多，当我初次离开家不适应的时候，你也给了我很大帮助。我邀请内特是因为我们同班，学的专业相同，而且还有同样严格的训练计划。你知道我和内特在足球队的情况，如果我们住在一起，我确信他会指点我如何踢得更好，也许我还能帮助他。你也知道这个赛季是多么糟糕，我都没捞到什么上场机会，明年我真的很想成为首发球员。我觉得内特能帮助我。

此时，你需要和德瑞克确认一下他听到了什么，对你的解释作何感想。

你：我刚才说的有道理吗？

德瑞克：好吧，我不踢足球，所以我想和内特同住可能对你会有帮助吧。这是你的选择。我知道你的意思了，你本不想让我失望。不过……无所谓了。你明年想和他合住这件事，你告诉我太晚了。

让对方听到你的顾虑

正如你对德瑞克做的那样，就你的顾虑与别人积极沟通，能够让你自信而务实地表达自我。否则，你的表达方式很容易让别人有戒备心理。当你粗鲁地回应别人的言行，并且立刻说出你的假设时，就有可能打断对方的话，并让其无法敞开心胸去倾听你的想法和感受。而如果想要将冲突转变为彼此理解的合作对话，深入倾听是必不可少的。

在你没有搞清楚你的言谈语调对别人造成的影响之前，最好不要马上和对方交谈。考虑到你想要达成的结果，采用哪种方法最好呢？如果角色互换的话，你希望他对你说些什么？如果从你口中说出他的原话，他会做出和你一样的反应吗？还是说，换一种不同于你通常最习惯的表达方式，能让他更愿意倾听？我们是独立个体，因此对相同的事件和言语会有不同的反应。

当轮到你说话的时候，不妨坦率、直接地说出你对事情的看法。你的目的并不是说服他，而是一定要让他听到你的顾虑。你需要帮助对方明白你的假设。你的目的是让他理解，你为什么会有那样的想法。

分享你做出的负面结论和评判，并不是一件容易的事情。你知道它们肯定会令对方失望。首先，分享你所认为的事实，明确说出你的假设，不去责怪别人，这些就是积极沟通的关键。一旦你分享了个人观点，可以请对方就其刚刚听到的信息的准确性发表看法。

消除双方误会

当你和德瑞克分享了各自的假设之后，可以交流一番，谈谈哪些假设是正确的，哪些是错误的。以下是可能的对话：

你：德瑞克，你认为你为我所做的一切，我一无所知，其实不是这样的。你一直是最棒的室友。今年是你帮助我度过了很多困难时期。

德瑞克：谢谢，虽然我不太相信你说的话。我觉得……好吧，我当时觉得被你彻底否定了，这种感觉难以释怀。你说你不是那个意思，不是要否定我什么，你能这么说很好。你说的都是心里话，对吗？

你：那你说说看，我是否应当和内特合住呢？你觉得这会让我把球踢得更好吗？我自己真的是这么想的，但我有可能错了。

德瑞克：实际上，我觉得这两者之间没什么关系。你又不是在寝室里踢足球。我觉得，你只需要更加自信，自己琢磨出提高水平的办法。在我看来，你其实是个优秀的球员。

你：谢谢你这么说。可我不觉得我是个优秀的球员。嗯，也许即便不和内特合住，我也能踢得更好。谁知道真要和他住在一起会怎么样呢？你说的对，我应该靠自己。

德瑞克：既然你已经解释清楚了，那我也可以换个角度看待这件事。也许你根本就不像我说的那么阴险狡诈、鬼鬼祟祟。

你：很高兴你意识到了这一点。内特是个很好的队友，我们相处融洽，所以我才会觉得明年我们可以有更多接触。我根本不是想要瞒着你。我也从没想到过，你会觉得我是故意背着你这样做的。

德瑞克：尽管我知道你在足球队，但我从没想到它对你有那么重要。看来足球对你来说是最重要的。是这样吗?

你: 呃……最重要? 我不知道。我绝对认为自己是块当足球运动员的料儿,我也想要成为一个更好的球员。我真的希望毕业之后能当个职业球员。

德瑞克: 好吧,听起来你好像觉得和内特合住,就能以某种方式帮助你达成目标,成为职业球员。我只希望就算我们做不成室友,还能做朋友。

你: 我当然希望这样。我现在认识到,这个计划告诉你太晚了。我明白这让你很难找到新室友。其实,我能帮你找个室友。我认识一些大一新生,他们在找新室友,我觉得你会和他们相处得很好。不过你是对的,也许我靠自己就能想清楚,怎样成为一个更好的球员,我或许不需要更换室友就能做到这一点。

有时候,仅凭一次谈话消除不了误会。这可能是一个循序渐进的过程,其间会发生一系列的谈话。这会帮助你认识到,假设都是猜测,可能部分正确,也有可能全错。对别人说出你的假设,是为了弄明白对对方来说,这些假设是否合理。

通常,你们需要花费时间来弄清楚哪些假设双方都认为毫无根据,哪些则有据可依。最终,当双方都愿意放弃各自毫无根据的假设,而只关注那些来源于现实的假设时,你们就做好了消除误会、走向和解的准备。

总结思考

请求那个与你发生冲突的人和你分享他对你的假设。你应该这样做：

· 抛开你强烈的负面情绪，认识到对方也只是个普通人。承认对方的出发点和你一样合理。

· 试着真正敞开心扉，深入倾听别人对你的言行的看法。

· 尽最大努力避免这种情况：你刚刚听到对方的话，就立刻认为对方是错的。

和对方分享你对他的假设。当你这样做时，请遵守以下原则：

· 说话时尽量避免指责对方。要意识到你的假设只是猜测而已，而且很可能是错的。

· 陈述你的假设，尽量不要急于证明它们的合理性。

· 你要为你对别人做出的假设及其可能造成的影响负责。

问一些问题，来帮助你和对方确定你们彼此做出的假设的事实基础。当你们这样做时，牢记以下原则：

·以开放的态度接纳对方就你的假设所提供的新的信息，而不要立刻认为那些信息是错的。

·力争愿意同时考虑两个相互矛盾的假设：你的假设和对方的假设。

·当你问问题时，要保持尊重他人的态度。要知道，别人可能和你一样，也确信他们关于你的假设是对的。

就你们各自以事实为基础的假设与对方达成一致。请根据以下建议去做：

·尽量不要执着于不必要的分歧。要知道，一味坚信你的假设是对的，而不去认真考虑对方的假设，是达成协议的绊脚石。

·转换思维，从"我是对的，你是错的"转为"我们可以一起就我们彼此关心的事实部分达成一致"。如果你的假设无法自圆其说，要愿意重塑假设，甚至彻底抛弃它们。

·坚持这一原则——化解冲突和恢复关系，往往比强调自己的正确性更有价值。

尽最大努力去放弃错误假设，和对方达成共识。以下是具休步骤：

·评估你是否真心想要和对方达成共识。扪心自问：你是否还对那个人怀有些许愤怒。

·确信你有足够的自信接受别人做出的正确假设，并且不会因此就自惭形秽或妄自菲薄。

·要想到对方也很可能愿意考虑这一概念：他的假设未必就是正确的。要考虑到对方可能和你一样具有灵活性。

·共同努力，去调和明显矛盾的假设。寻找并发现可能隐藏在看似对立的假设中的共同主题。

活动：关注双方的假设之梯

这些任务可以帮助你关注双方的假设之梯。

来自另一个观点的假设

本章第一个小故事——一个跨地域工作团队内部的冲突，是从帕特的视角讲述的。站在詹姆斯的角度思考，你觉得他会怎么看待问题？然后做以下练习：

· 詹姆斯的假设之梯可能会是什么样的？他可能对帕特做出什么样的假设？

· 他可以用怎样的措辞积极地向帕特传达他的观点？他应该如何与帕特分享并检验他对后者的假设？

· 为詹姆斯和帕特写一个切合实际的剧本，描述出他们可以如何澄清各自的观点，并检验他们对彼此的假设。延续詹姆斯和帕特的对话，直到两人都满意地探究了各自假设的合理性。

来自两种对立观点的假设

在本章第二个小故事——那对大一新生室友之间的冲突中，我们没有写出他们冲上的关于对方的假设之梯。所以，现在你有机会来为他们做这件事了。写出以下内容：

· 德瑞克关于"你"的假设之梯。

· "你"关于德瑞克的假设之梯。

世上只有一个我，

但我却是唯一的。

我不可能做所有的事，

但我总能做某些事。

我不会让我不能做的那些事

妨碍我能做的事。

———❖❖———

爱德华·埃弗雷特·希尔

Chapter **6** >>>
自行解决问题

有些事情你自己就可以做好。你自己就可以想清楚，如何不把对方的反应看成是故意针对你个人的。你可以学习如何化解因你对另一个人的负面假设而产生的受伤感和愤怒情绪。

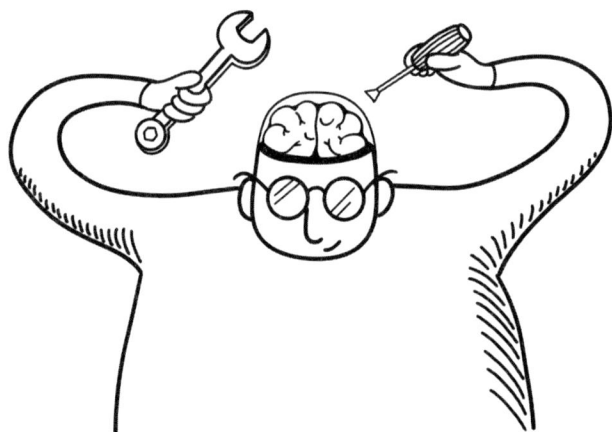

如果你和别人发生了冲突，却无法与对方进行一场真正有意义的对话，那会怎么样呢？

我们不妨来看一个例子：一位女士希望她成年的女儿回家陪她一起过圣诞节，这次相聚并未像母亲所希望的那样发展。女儿不愿参加母亲安排好的那些活动，并突然提前结束了行程。女儿走了，可是冲突依然存在。母亲想化解冲突，但在这种情况下，她只能自行解决问题。你在后文可以读到她是如何解决的。

有时候冲突的一方想达成和解，但另一方不在跟前，或者不愿交流个人感受并澄清那个假设。甚至有时候，冲突的一方刚刚对情感障碍感到释然，被认为负有责任的另一方就已经不在人世了。

有些事情你自己就可以做好。你自己就可以想清楚，如何不把对方的反应看成是故意针对你个人的。你可以学习如何化解因你对另一个人的负面假设而产生的受伤感和愤怒情绪。

聚餐时的呵斥

莫琳联系我们，想让我们帮助她解决与所在退休社区某个成员之间的一次非常负面的冲突。她当时面临的情况是：假如与那个人直接交流，并不会让她感到舒适。而且她也不需要那样做。通过与我们合作，莫琳得以澄清她对那个人的假设，并摆脱了自己的受伤感和愤怒情绪——尽管她与对方从来不曾有过任何对话。

下面就是莫琳本人的陈述：

我住在一个退休社区。我刚搬到这里时，经常受邀参加有若干单身男女在场的聚餐活动。我们通常在公共餐厅一起吃饭。有时候，群体中的某人会计划与其他人共进晚餐。而有时候，我们会邀请其他单身人士与我们一同就餐。我们通常会在一个休息室的桌子旁边聚45分钟，每人喝一杯葡萄酒，然后在餐厅坐下吃晚饭。

一天晚上，我们坐在那个休息室的桌子旁边，一边喝酒，一边聊天。其间我走进餐厅，找餐厅总管谈预订餐桌的事。就在这时，偶尔会跟我们聚餐的单身男士山姆也走到预定台这里。我同山姆寒暄了几句，并邀请他和我们一起吃晚饭。他接受了邀请。

我走回到休息室的桌旁，将一把椅子拉到我的右侧给山姆坐。山姆刚坐下来，坐在他右侧的布莱恩突然站起来，隔着山姆直接冲我喊道："滚蛋！"

布莱恩的话让我无比震惊。以前从未有人对我说过这种话。过去在我们家里，我父亲决不允许说这种粗话。我不能理解布莱恩为什么会对我如此出言不逊。我能够看到其他就餐者都在盯着布莱恩，我也确信他们都听见了他对我的吼叫。

不久之后，所有人都站起身来，走进餐厅。我是最后一个走到餐桌旁的。那会儿只剩下一把空椅子，而且碰巧是在布莱恩右侧。我坐了下来。当时，我仍对布莱恩的那声喊叫倍感茫然。

布莱恩将身体靠向我，用一种似乎只有他自己才能听到的声音轻轻地说："对不起。"我听见了他的话，但没做出任何表示。对我来说，这就像是一种平平淡淡的敷衍之辞。他表示歉意的方式完全像是在走过场。

虽然通常情况下我都很健谈，但我那天在整个晚餐期间一言不发。我在端上甜点之前就离开了餐桌，回到我的公寓房间，仍旧深陷沉默和震惊的状态。我一夜无眠，试图想明白我究竟说了什么或做了什么，才会使得布莱恩对我那样大肆发作。

我和布莱恩的这次冲突，让我在此后的一周都没能缓过神儿来。我日夜沉浸在一种受辱和愤怒的情绪中，并且难以释怀。最后，我终于在桌旁坐下来，将最初进入脑海的对于布莱恩的假设写在一张便笺纸上。

下面是我的假设之梯：

背景： 我所在的那个退休社区的休息室和餐厅。

事实： 一群单身男女坐在一张桌子旁边。之后，另一位单身男士加入到我们当中。就在这时，先前就坐在桌边的一位男士使用攻击性言语大声呵斥我。然后，我们这些人在餐厅一起吃晚饭。我没对那个此前呵斥我的男士说任何话，在甜点端上来之前，我就离开了餐桌。

解读： 我认为那个之前呵斥我的男士说的话刺耳、粗俗、无理而且极具攻击性。

动机： 我认为他是憎恨我没有把他当朋友，因为我邀请了别的男士过来和我们一起就餐。

成见： 我觉得他是那种社交白痴类型的男人，这种男人对于有好感的女士具有强烈的占有欲。

行为： 我保持沉默并伺机逃离。接下来的一周，我尝试摆脱这件事带来的极大的压抑感。

几天过去了，为了帮助自己平静下来，我开始使用脑海中关于布莱恩的假设之梯。我可以看到事实是什么，我的假设是什么。尽管我从未向布莱恩本人求证过我的假设，但审视假设之梯能够让我看到，他当时的反应很可能只和他自己有关，和我的言行无关。

最终，我的受伤感消失了，我不再对他感到生气。然而就目前而言，我觉得若有布莱恩在场，我还是不要和我的那些朋友一起吃饭为好。

在我以前从未处理过类似情况的前提下，我很难想象自己能够心情愉悦地和布莱恩再次坐在同一张餐桌旁。不过一段时间之后，我开始意识到，如果我能够走出去，扩大我的交际圈，或许是更合理的选择。我觉得这样能够使我在不同时间与不同的人群用餐。

当我感觉自己不必每晚和同一群人用餐时，我内心积聚的紧张感也大大减弱了。所以现在，就算有布莱恩在场，我也能够和那个群体一起吃晚饭。我已经摆脱了对他的愤怒感带来的束缚。

随着时间的流逝，当莫琳平静下来以后，她能够使用先前冲上的那架和布莱恩有关的假设之梯，更为客观地审视她与后者发生的冲突。她能够澄清这件事当中的事实，意识到她对对方做出的假设。就算没有和他澄清她的假设，她也意识到，即使她根本没做什么，对方原本也很有可能会爆发，对她出言不逊。她看到了这样一种可能性——这件事和她本人或其行为没有任何关系。最终，她能够变得更加坦然，不再把对方的话放在心上，从而很快摆脱她的受伤感和愤怒情绪。

圣诞节女儿无情地离开

假设之梯是一个有用的工具，能够帮助你发现自己在一次冲突中扮演的角色——即便你是唯一直面问题的一方。它也为本章开篇提到的那位女士（她和女儿的那次节日重聚变了味道）提供了帮助。

母亲描述了这一切是如何开始的：

我一直期待着和女儿琼妮一起过圣诞假期。她是在圣诞节前一天下午从圣何塞回来的。我们一起参加了一个烛光祈祷仪式。在此之后，我们接受了我的一个朋友的邀请，去唱圣诞颂歌并参加了一次聚餐活动。根据琼妮的提议，我们还计划好晚上十点钟去另一个教堂参加一个讲道和唱圣歌的祈祷活动。在多年以前还有最近几年，我们全家人都做过这种事情。然而，我们参加完第一个活动返回后，琼妮就把自己关在房间里，还说她不想去参加晚间那个活动了。我不想一个人去，所以就不情愿地待在家里。

在圣诞节早上，我们受邀去朋友家里吃早午餐。而在当天下午，我们计划和几位不能和家人或朋友一起过圣诞节的女士在我家里聚会。可是那天早上，琼妮变得沉默寡言，并且穿上了便装。她问我早午餐什么时候开始。我告诉了她，并问她是否该换身衣服。她说不想去我们的朋友家里吃早午餐了，并让我送她去火车站，因为她要回圣何塞。

琼妮告诉我她感觉很不好，因为她不能和住在另一个州的男友一起享受假期。除此之外，她还声称自己工作得不开心，因为她很不喜欢她的老板。可是我觉得她很自私，只考虑自己的想法，完全不顾及我的感受。我觉得我的快乐就这样被剥夺了。当我在厨房洗碗时，忍不住哭了。我觉得琼妮很可能也听到了。

把琼妮送到了火车站，我尽管感到生气、沮丧和不满，但并没有对她说起这一点。

下面就是我当时冲上的那架有关琼妮的假设之梯：

背景：我的家里。

事实：我和女儿计划一起庆祝平安夜和圣诞节，其中包括参加一个讲道和唱颂歌的仪式、夫拜访朋友以及在我家招待朋友。我的女儿没有参加这些活动，而是回到了她在圣何塞的公寓。

解读：我觉得女儿轻率、自私而又冷漠。

动机：我认为我的女儿当时不愿和人接触，因为她对自己的处境感到难过、怨愤和恼火。而且她并不关心我，也不在乎她的举动是否会给我带来负面影响。

成见：她属于那种年轻而又轻率的一代人。我觉得那一代人只考虑他们自己的得失，而不考虑别人的需求。

行为：我不再和她说话，而是决定等她主动向我做出解释。

之后，那位母亲告诉我们说，她后来冷静下来，决定尽量好好过那个圣诞节。她说："在我朋友的家里，以及后来在我自己家的聚会上，我们都过得很快乐，那是一段令人感到温馨而美妙的节日时光。"

这种正面体验帮助那位母亲爬下她的假设之梯，并让她开始重新审视它。这一自我反思过程使她意识到，女儿的行为并不是故意针对她的，而且完全和她本人无关。女儿只是沉浸在不能和男友共度假期的委屈中，以及对她的老板感到失望的情绪中。

在这种情况下，假设之梯帮助那位母亲区分了事实和假设，从而使其在经历过一段令人不安的情感煎熬之后获得了平静。从梯子上爬下来，并不一定意味着要回顾它的每一个梯级。这只意味着回到和事实有关的那个层面，并在脑海中回顾真实发生的一切。

尽管没有同女儿就发生的事情进行交流，那个母亲也意识到，女儿没有任何要故意气她或者伤害她的意图。女儿的所作所为是因为她自己不开心，这和她母亲没有任何关系。虽然女儿没有道歉，但母亲还是能够一如既往地正常生活。

隐瞒母亲死讯的哥哥

安妮塔向我们描述了她在一个破碎的家庭长大的情况，在多年之后她和哥哥之间的一场冲突，以及她几乎全凭个人努力化解这一冲突的过程：

我出生于一个农场家庭，兄妹五个，我排行第二。我六岁时父母离婚了。他们的关系早就恶化到彼此憎恶的地步。法院将我们这几个孩子的监护权判给了我父亲，而他后来又把我们几个给分开了。我的哥哥继续和我父亲一起生活。我被送到我们唯一的姑姑身边。我母亲答应抚养我的妹妹，这让我感觉她不爱我。我的两个弟弟被送给其他几个亲戚抚养。

后来我的父亲再婚，我们都继续和他还有我们的继母一起生活，继母对我们几个都很关爱。我时不时会想联系我的母亲，但我知道如果那样做，肯定会让我父亲感到不快。所以我从未实现过与她联系的愿望，尽管我在家族婚礼上见过她几次。当我看到她时，已经感觉不出对她还有任何感情，因为她不是那个抚养我长大成人的母亲。最终，我们兄妹几人都成家立业，各立门户了。多年来，我很少接触我的妹妹和哥哥。

四年前，我的母亲去世了。她死的时候90多岁，在她去世的第二天，我从我和哥哥居住地附近那个乡村小镇的殡仪员那里知道了这个消息。这让我感到崩溃，因为我是从一个彻头彻尾的陌生人而非从我哥哥（他一直和我母亲保持着密切联系）那里知道这件事的。

下面就是我冲上的那个关于我哥哥的假设之梯：

背景：我和哥哥居住的那个乡村小镇。

事实：多年来，我的哥哥和母亲一直有着密切联系。她去世的那一天，哥哥并没有给我打电话。

解读：我认为哥哥失礼而又冷漠，因为他在我母亲去世那天没有给我打电话。我不能理解他为什么要这么对待我。他没有把母亲过世的消息通知我，根本就是漠视我的存在。

动机：我觉得我母亲去世后他没给我打电话，就是因为他毫不在乎我是否知道这个消息。他俨然是把我当成这个家庭的外人来看待。他无视这一事实——他规避了他对我的责任，而且毫无内疚感。

成见：我认为我的哥哥是那种典型的不负责任的兄长。当家里有人过世时，这样的兄长不懂得履行自己应尽的职责。

行为：在接下来的四年里，我尽可能地远离我的哥哥。

最终，在经过多次深刻的自我反省之后，我得出结论：我受够了自己对哥哥心怀怨恨并保持疏远的状态。我认为如果要让我们的关系有所好转，我就必须爬下我的假设之梯，勇敢地面对困难。

我拿起电话，拨通了他家的号码。他的妻子接了电话。我告诉她自己想去看望他们。她表示欢迎，于是我们约定了时间。

当我来到他们家里时，他们都和我打了招呼。我们坐下来聊天。我提到了哥哥在母亲过世那天没给我打电话的话题，他的妻子忙不迭地为他辩解，用各种借口解释他为什么没给我打电话。

最后，我有些愤怒地直视着哥哥，我想听到他亲口告诉我，他为什么没给我打电话。他解释说，是我们的母亲让他这么做的。母亲告诉他，他不需要联系我或者我们的两个弟弟，因为多年来我们三个都没怎么联系她。毫无疑问，我们不在乎她是活着还是死了——她这样告诉我的哥哥。

我对哥哥说，母亲去世后，对他来说最重要的事情，未必就是不折不扣地按她的遗嘱行事，而是应该以正确的方式对待这几个尚且在世的孩子。我告诉他，尽管我多年来很少接触我们的母亲，但我毕竟是她的女儿，因此作为兄长，他也该相应地对待我。

我接着说，我想给他一个拥抱。我们都从椅子上站起来，我走到他跟前，给了他一个拥抱。那种感觉真的很好！我告诉他，我已经原谅了他，而且我爱他。我们彼此道别。当我从他们家里离开时，我的内心感觉平静而舒适。

安妮塔基本上是"单枪匹马"地解决了和哥哥之间的冲突。在哥哥的家中，他们终于面对面地坐到了一起，而她也主动吐露说，哥哥没把母亲过世的消息告诉她，让她感觉多么难过。对方解释说，他当时唯一的责任就是不折不扣地遵从母亲的意愿。他不需要为自己没有联系安妮塔这件事负责。尽管他当时没有做出更为积极的反应，但安妮塔能够原谅他，不再对他怀有怨恨，继续过好自己的生活。

终止支付抚养费的父亲

有时候，一个人内心深处藏有未能解决的情感问题，唯一的选择就是独立地解决它们。格伦达大半生都对她的父亲怀有负面情感，她就此咨询了我们当中某个人。她的父亲早已过世，但她仍旧希望直面自己对父亲长期存在的怨恨。格伦达在97岁生日时，向我们做了如下陈述：

小时候，我的家庭似乎很幸福。我甚至从未听过我的父母拌嘴。正因如此，当母亲告诉我和妹妹说，父亲不再和我们一起生活时，我们都感到相当震惊。

我的父母离异时，我13岁，妹妹11岁。离婚消息刊登在我们当地的报纸上。当学校的朋友对我们说，他们已经在报上读到了关于我们家庭破裂的消息时，我和妹妹感到非常尴尬和羞愧。

根据离婚协议，在我和妹妹年满18岁之前，母亲能从父亲那里收到子女抚养费——这就是当时的情况。当我们都到达那个年龄后，父亲终止了支付子女抚养费。

可是，即便到了18岁，我们仍是父亲的女儿，我们的母亲仍然需要足够的钱来支付家庭开销。我们都觉得被他抛弃了，好像他就这样把我们赶出了家门。

这是我在脑海里创建的那架有关父亲的假设之梯：

背景： 我们的家庭。

事实： 我和妹妹都到了18岁时，父亲不再给我们的母亲提供子女抚养费。

解读： 我认为父亲无情而又自私。

动机： 我觉得他不再关心我和妹妹，所以他很高兴不用再提供抚养费了。

成见： 我认为他是那种巴不得立刻终止给前妻提供子女抚养费的离异男人。

行为： 我不再爱他，而且几乎终生对他怀恨在心。

现在，在97岁生日之际，我终于决定从我当初关于父亲的那架假设之梯上爬下来，抛弃我对他的厌恶感并且原谅他。我在将近80年之后进行回顾，开始意识到他其实是一个好父亲，而不是一个无情而自私的人。在离婚成为既定事实以后，他向我们的母亲提供了规定的所有子女抚养费，这表明他是爱我和我妹妹的。我确信他一定自认为是个好父亲。我现在觉得，如果我在18岁生日之后去找他，向他要求某种额外的财务援助，他也很可能会尽一切努力帮助我。

在人生的大部分时间里，格伦达都觉得父亲应该为她年轻时面对过的财务问题负责，因为这些问题毕竟与她的过去密不可分。尽管她的父亲很早以前就去世了，但在向我们其中一人敞开心扉之后，格伦达终于能够"免除"父亲的"罪责"，并向他表达了感激之情。她在人生尽头最终摆脱掉了心灵的旧伤，从而能够原谅父亲，与他的在天之灵言归于好。

格伦达丢掉了那个背负了大半生的精神包袱，这就为她重新理解父亲，并让自己变得更加平静打开了一扇新的大门。她说，她终于原谅了父亲，八天之后，她患上了中风。两天后，她在睡梦中平静地去世了。

莫琳、琼妮的母亲、安妮塔和格伦达的经历表明，你该找到一种方法，充分发挥主观能动性，并应用你的个人技能解决某种冲突。然而，假如你能够让一场纠纷中的各方聚在一起，你就可以更好地了解每个人的假设，一起讨论这些假设是否有效，以便共同解决那个使彼此产生冲突的问题。你将在第八章中更多地了解这个过程。

总结思考

当你试图独立解决冲突时，你要牢记：

人际冲突是可以解决的，哪怕冲突的一方并不在场或者不愿配合。

要遵循这样的指导原则：

· 要为你针对他人创建的任何假设之梯负责。对于如何处理那架假设之梯，你应当拥有完全的控制权。

· 审视你创建的假设之梯的每一个梯级，从而让自己平静下来①。冷静地回顾你们的冲突。反思一下，为什么你的假设可能

---

① 虽然我们要求你审视每一个梯级，但事实上，你当初冲上假设之梯时，不见得会踏上每一个梯级。正因如此，那种过于笼统的概括或者定性可能并不管用。

是导致你产生那些负面情感的原因。

· 让你因为对他人创建的假设之梯而产生的错觉不断淡化并最终消失。做出深思熟虑的决定，彻底摆脱自我假设所导致的对于他人的负面感觉。

你可以自行弄清楚，如何不将别人的行为视之为针对你。

记住这些要素可以帮助你达到目的：

· 要明白一点：某个人的言行可能由许多因素引起，而别人可能并未意识到这些因素的存在。人们都是根据自身经历和经验对你做出回应的。其他影响因素可能包括遗传、早期生活条件和文化因素，有时候还涉及创伤经历。

· 要想到你也许是导致他人产生某种反应的诱因，但并不是导致他人行为的根本原因。确切地说，是那个对他人做出相关假设的人导致了其自身的言行。

· 如果你觉得一个人的反应方式是负面的，你在任何情况下都要告诉自己："我没必要将他的行为看成是有意针对我的。"依靠这个自助工具，你就能避免因别人对你做出的负面行为而立刻冲上某架假设之梯。

活动：自行解决冲突

回顾你与某人发生的一场冲突——而且对方不愿与你讨论这场冲突，或者不能和你面对面解决这件事。写下以下内容：

· 你围绕那个人创建的假设之梯。
· 你的假设让你对那个人产生的感觉。

你能够摆脱某种主观假设让你产生的负面情绪吗？

如果能够与冲突的另一方重建联系，把你准备采取的行动步骤写下来。

道歉是我们生活中
处理冲突最有力的工具之一。

———————◆◆———————

米歇尔·高希·杰雷米亚

Chapter 7 >>>
道　　歉

　　我们通常可以帮助有冲突的人们找出周全的解决方案，满足双方的需要。这就是调解人的日常工作。可是有时候，很难确定他们的需求到底是什么。谁的需求没有得到满足呢？到底是谁的错？谁该向谁道歉呢？

罗伯和安面对面坐着，讨论他们在晚餐时间上遇到的问题。每逢工作日，由罗伯做两个人的晚饭，饭做好后他就可以先吃，可是安的日程安排取决于她的工作量。他们想要共进晚餐，但是罗伯无法指望安在一个确定的时间到家。而如果安因为工作原因到家太晚的话，她就会面对一个恼火的伴侣。在这种紧张的气氛持续了一段时间之后，他们之间的矛盾终于爆发了。你将在本章稍后部分读到更多的内容。

我们通常可以帮助有冲突的人们找出周全的解决方案，满足双方的需要。这就是调解人的日常工作。可是有时候，很难确定他们的需求到底是什么。谁的需求没有得到满足呢？到底是谁的错？谁该向谁道歉呢？

让我们正视现实——道歉并不容易。要让对方感受到道歉者的诚意并增加其信任感，则尤其艰难。道歉的一方要谦逊，勇敢，还要能把握住正确时机。真诚地说出"对不起"，是修复关系过程中至关重要的第一步。

不能按时下班的妻子

通常，在你做出了冒犯别人的假设之后，你的直觉就会告诉你——一种担忧之情会涌上心头，你该向对方道歉。作为调解人员，我们经常能感受到真诚道歉的力量。道歉能缓解紧张气氛，让人与人携手合作变为可能，就好像看不见的阻碍刚刚消除一样，在此之后，人们更容易达成具体的协议条款。但是请记住，在事情发生之后，你需要尽快道歉，事过境迁才去道歉，多少会显得有些虚情假意。

简单地说一句"对不起"没有任何作用。不真诚的道歉会让你显得傲慢，还会阻碍解决问题的进程。可是，你该如何做出真心实意的道歉，才不会让对方觉得你只不过是在例行公事，想尽快解决问题呢？如果没有掌握正确道歉的技巧，你可能会把最初的一些小过错转变成对你们关系的一次重创。

幸运的是，你可以学会如何积极、真诚地道歉。一起来看看罗伯和安的困境吧，然后我们会告诉你如何真诚地道歉。

在罗伯和安以他们其中一方或者双方都道歉的方式解决他们的麻烦之前，他们必须明白冲突的根源。随着时间的推移，罗伯和安的晚间日程不断调整，而他们并未意识到这没有真正满足他们的需求。原来安能够在晚上七点左右到家，那时一切正常。而当她的日程变得越来越不规律，她也回家越来越晚之后，他们的晚间气氛变得紧张起来。

这对夫妻告诉了我们更多细节。罗伯下午五点半下班到家，而安往往在晚上六点半到八点半之间到家——具体时间取决于老板给她布置了多少意料之外的任务。安到家后通常筋疲力尽，而她还要打开邮件，在电脑上查阅一些东西，然后稍微放松一会儿。

罗伯想要在六点半吃晚饭，因为那个时候他已经饿了。他越是腹内饥饿，对安就越是不耐烦。罗伯告诉我们说，他不想强行规定安的回家时间，但如果没有固定时间，他就不知道该在什么时候备好晚饭。

如果安在八点半左右甚至更晚到家的话，她就会发现，等在家里的是一个怒气冲冲的丈夫，而那时，晚餐已经在炉子上煨了一个多小时了。从罗伯的肢体语言和他的面部表情，安立刻就能看出他情绪暴躁。他在厨房里不必要地弄出很大的声响，然后把饭菜端上桌，既不和她说话，也不看她，就开始闷头吃饭。

安不像罗伯那样饥饿而又暴躁，所以她无法理解他。罗伯感到很沮丧，因为他从来不知道安几点能到家。当安越来越频繁地晚归之后，罗伯觉得她不尊重自己，把他的付出视为理所当然。

而对安来说，她持续经受着需要早点儿回家带来的压力，而且她知道到家之后，罗伯要么无视她，要么不断找茬，有时甚至还会对她大发雷霆。这让她很恼火，因为在办公室里，工作压力已经让她苦不堪言，而她的伴侣不仅没有支持她并帮她化解这些压力，反而还在家里制造了额外的压力和摩擦。

我们一起来看看在一个爆发冲突的晚上，罗伯冲上的关于安的假设之梯吧。

罗伯的假设之梯

背景： 罗伯和安的家中（晚上，他们俩都下班回到家）。

事实： 七点钟的时候，罗伯就做好了晚餐，并将其放在炉子上，一直等到安八点半到家。在此前的四个工作日，安到家的时间分别是六点五十、七点二十四、七点十分和八点零五。

解读： 罗伯认为安的行为是不配合、不体贴、不尊重他的表现。

动机： 罗伯觉得安重视工作远胜过重视他，而且不管她几点钟下班到家，都将他对家庭所尽的责任视为理所当然。

在本例中，罗伯没有爬上"归类"那一梯级，也没有对她产生"成见"。

行为： 罗伯在厨房里不必要地弄出很大的声响，直到安说她准备好坐下来吃饭，而且当他们开始用餐时，在他们三言两语而又没有多少意义的交谈中，罗伯对她的态度很不好。

现在，我们来看看在同一个晚上，安对罗伯创建的假设之梯吧。

安的假设之梯

背景：罗伯和安的家中（晚上，他们俩都下班回到家）。

事实：安八点半钟下班到家，当她进门后，罗伯没有搭理她。通常，她的下班时间是五点半。可是那天，正当她收拾桌子准备下班时，因为一批零件只到了一半，老板召集了一次紧急会议。会议的结果是老板给她分配了一些任务，让她做完了才可以下班。她完成最后一项任务时已经八点了。

解读：安觉得罗伯的行为轻率、鲁莽而又冲动。

动机：安认为罗伯想要控制她的工作安排，这样他刚把饭做好，她就能按时到家吃饭。此外，罗伯觉得有资格批评她，因为在罗伯和她的老板之间，她更服从于后者的权威。

成见：安觉得罗伯就属于那种认为女性在男性面前就该唯命是从的男人，这种男人还认为女性的工作不如男性的重要。

行为：安的脸上带着一副厌恶的表情，冲着罗伯大喊："你今晚到底是怎么回事？你看不出来我整天被公司的事儿折腾得焦头烂额，已经筋疲力尽了吗？"

如何做出有效道歉

罗伯应该如何应对？当安回家很晚时，他本不想把气氛弄得那么紧张，可是他觉得被安忽视了。他认为安把她的工作看得比他们的关系更重要。他知道自己要为家里的不良氛围负责，可他也认为安应该更加努力，至少该把他的需求和她的工作放在同等地位。

你觉得安应该如何应对罗伯的反应？她也许觉得自己不该晚回家，给罗伯添麻烦。但是她也觉得自己有正当的理由，因为办公室的内部竞争激烈异常。她觉得罗伯可以更具灵活性并更加理解她，别再牢骚满腹而给她带来困扰。

如果罗伯和安准备好彼此道歉，并且这种道歉是有效的，就有助于他们缓解紧张气氛，走上和解之路。

马萨诸塞大学医学院前院长和精神病医师、医学博士亚伦·拉瑞尔先生撰写了一本关于道歉的书——《论道歉》。他分析了导致人们道歉的因素，并探索了人们如何在道歉中彼此让渡控制力。

拉瑞尔发现，如果想要有效地道歉，从而让对方易于接受，其中需要包含若干关键要素：

· 承认冒犯他人的行为。

· 解释冒犯他人的行为。

· 真诚地表达悔意。

· 做出补偿。

包含这些要素的道歉，大大有助于你和受到冒犯的一方言归于好。如果你是安，你会如何向罗伯道歉呢？以下是根据拉瑞尔的四个基本要素，可能做出的有效和无效道歉的例子。

承认具有冒犯性的行为

为了有效地承认你的冒犯行为，必须从详细描述你做错的事情开始，甚至要说出其中最糟糕的部分。要使用准确的语言，承担起责任。这是纠正错误必要的第一步。

无效的承认： 我知道今晚我到家有点儿晚了，都是我的错。

有效的承认： 我很感激你每天晚上为咱俩做晚饭。你总是不知道我几点到家，确定开饭时间一定很难。我本该多体谅一些，早点儿给你打电话，这样你就可以决定该怎么做了：是等我到家一起吃饭，还是不等我就自己先吃。

解释你的行为

一旦你承认做错了事情，那个被你伤害的人可能就会想知道你为什么要那么做。坦诚是重建一种牢固而可靠的关系的最佳选择。审视内心，对自己坦诚，这是找出你的行为的真正动机的关键，它会帮助你变得更好。

解释有助于确保你们双方不再重复冒犯性的行为，而另一方面，借口只是表明你在逃避责任。在你的道歉中不要出现借口。

无效的解释：工作真是痛苦，总有各种突发事件。

有效的解释：你知道我和你提过的那个周五截止的重要项目吧？今天一批零件到货了，可是只到了一半。我在五点半的时候正要走，老板召集我们开了重要会议。会议结束之后，我有一些紧急任务需要处理，就忘记了时间。当我看到已经过了八点时，我就赶紧开车回家了。我应该在走之前给你打个电话，让你知道我到家的时间。

表达悔意

表达你由衷的悔意非常重要。那种口是心非的走过场式的道歉，你可能已经听到过很多次了。它不会让你感觉好起来，因为它可能会将责任从道歉者身上转移到你的身上。如果你认为冒犯了你的人内心并无悔意，你就不会接受道歉，而且只会比之前更加生气。

无效地表达悔意： 我知道我回来晚了，可我也没办法啊。你就是因为饿了才发脾气的。

有效地表达悔意： 我很抱歉，你做好了饭等我，我却回家这么晚。我一看到你，就知道你一直在等我。回到家就有热菜热饭的感觉真好。我知道你早就饿了，我也很感激你总是等我回来一起吃饭。我不想表现得好像把你所做的一切视为理所当然。我真的很抱歉。

做出补偿

真正需要修补的东西，往往都是我们用肉眼看不见的。心灵比实物更易破碎。做出补偿具有惊人的治愈力，它有时候甚至能够让看似永远无法治愈的创伤愈合。仅仅说声抱歉，就和贴创可贴一样没有多大作用。你必须用行动让别人知道你的感受。

做别人要求你做的事情，是清楚表达你的感受的好方法。当你这样做时，你是在向对方表示你倾听了他并且尊重他。如果你对自己所做的事情能否充分补偿对方有所怀疑，那么你可以问："我还能做些什么来补偿你呢？"

但是，你们双方都要弄清楚，做出补偿的人所提出的建议是否切实可行，是否需要考虑别的选择。因为如果不能坚持下去的话，破坏承诺的行为就会使事情变得更糟。

无效的补偿：我会尽量早点儿回家的。

有效的补偿：我会尽一切力量，不晚于七点半到家。你可以准备在七点半开饭。我们就定在七点半吃饭吧，哪怕我提前回家也没关系。我知道你不到七点半就会饿，所以，也许你可以吃点儿零食来帮你撑到七点半。如果我那时还没到家，你就一个人先吃吧。如果我知道会晚于七点半到家，我会提前打电话告诉你的。下班时我会再打电话，这样你就知道我什么时候到家了。

如果你真诚地承认了你的不足之处，并承诺会做出改变，那么对方可能会意识到你的行为是无意的，也无意引发冲突。它打开了一扇门，让对方不再认为你的行为是有意针对他的。

现在，将角色互换！如果你是罗伯，你会如何向安道歉呢？以下是他可能做出的无效和有效道歉的例子。

承认具有冒犯性的行为

无效的承认：我承认我今晚对你发火了。如果不是你回家这么晚的话，我也不会冲你发火。

有效的承认：今晚我真的很生你的气。我很难过，因为我费了好大工夫为咱俩做的晚饭，就那样搁在炉子上冷掉了。尽管我很确定这不是你的错，你只是被工作缠住了，可是我仍然觉得遭到了冷落。

解释你的行为

无效的解释：今晚你回家晚了，我真的觉得很不舒服。本来我有一些工作上的事想和你说说，可当你回家晚了之后，我就不想和你说话了。

有效的解释：你回家晚了，我感觉很不舒服，然后就恢复了旧有的行为模式——报复那些我觉得没有公平对待我的人。这就是你回家之后我没怎么和你说话，在饭桌上又对你爱答不理的原因。我需要为自己令人不快的表现负责，并学会更好地去处理那些并不总是如我所愿的事情。

表达悔意

无效地表达悔意：要是你回家时我做得不对，那以后我会看看能不能表现得更好。

有效地表达悔意：昨晚你下班回家后，我表现得太糟糕了，实在抱歉。我知道你的老板喜欢发号施令，习惯于给你布置那些需要加班到很晚的任务。我真不该沉浸在自我同情的情绪中。

做出补偿

无效的补偿：这不是你的错。我会考虑下次如何做得更好。

有效的补偿：我会尽一切努力，更加体谅你在公司的压力以及你工作的辛苦。你每月的薪水能让我们偿还抵押贷款，每年还能过一些非常美妙的假期。我很感激你让我们拥有了现在的生活。周六晚上，我想请你去吃大餐，然后我们再去看场电影。你觉得怎么样？

道歉的意义

假设你是得到道歉的一方，而对方说的那些话给人感觉不太可信，你可能会感觉比以前更糟，而且对方可能会激怒你。本章提供的指导原则可以帮助你了解为何有的道歉反而令人不满。在读过这些指导原则之后，你可以用积极的方式与对方进一步沟通。你还可以用我们在第五章中提供的技巧来学习如何与对方进行富有建设性的沟通。

如果你得到的是有助于恢复你们之间关系的真诚道歉，你一下子就能感受得到。你会对此有"第六感"。它会让你感觉好起来，能平复你的受挫感，还能终止伤害。它为你接受道歉打开了一扇门。

道歉显然有助于为达成某种程度的协议铺平道路。然而，你可能会发现，你无须得到道歉，就能对当前的处境感到释然。通过反思和运用假设之梯，你可能会不再认为对方的行为是故意针对你的。意识到那些行为的本意不是为了伤害你，你就可以摆脱委屈、受伤或是被冤枉的感觉。

总结思考

以真诚、积极的方式采取进一步行动，意味着你需要考虑到以下因素，遵循下面这些指导原则，承认你对他人做出了毫无根据的假设：

- 当你冒犯他人后，承认你所做的事情。
- 为你的态度、信念以及行为对他人产生的影响负责。

· 说明你为什么会那样做，要表现出诚意。

为做出那些错误的假设道歉。最好的道歉意味着你要遵循以下原则：

· 对你做出的那些伤害他人的行为表示悔恨。
· 真心实意地对你所冒犯的人表达真诚的歉意。
· 真诚而又努力地纠正你所犯下的任何错误。尽你所能，帮助他人的情绪从你所说或所做的事情中恢复过来。

活动：做出诚恳的道歉

以下两个练习可以帮你做出诚恳的道歉。

第一个练习

回顾一件你在生活中被某人的言行所冒犯的事情。运用你在本章学到的有关有效道歉的知识，从那个人的视角出发，写下你希望从对方那里听到的道歉：

·如果那个人会按照你刚刚所写的那样道歉，写下你可能会有的感受。

·如果那个人会按照你刚刚所写的那样道歉，写下此人可能会有的感受。

第二个练习

回想一件某人在生活中被你的言行所冒犯的事情。运用你在本章学到的关于有效道歉的知识，写下你觉得此人希望从你这里听到的道歉：

·如果你会按照你刚刚所写的那样道歉，写下你认为对方可能会有的感受。

·如果你会按照你刚刚所写的那样道歉，写下你认为你可能会有的感受。

如果此事仍然没有解决，写下是什么原因阻碍了你们，让你们没有按照上面所写的那样彼此道歉。①

---

① 匹兹堡大学心理学教授卡琳娜·舒曼博士与作者的口头交流（2013年11月15日）。

除非双方都是赢家，

否则任何协议都不能持久。

——————◆◆——————

吉米·卡特

Chapter **8** >>>
达成协议

　　你经常会听到"双赢"这种说法，这并不奇怪。它是指在争端中能够满足双方需求的较为周全的解决办法。识别这些需求并不容易。重要的是要不断地彼此交流，以便了解对方的需求和愿望，须知二者并不是一回事。

当你尝试达成协议时，时机很重要。不管你是否做出了道歉——或者虽然道歉但并未被接受——为了达到目的，你总是需要一个恰当的时间点。

最好等待双方都冷静下来。在处理情感关系方面，当第七章中的那对夫妻罗伯和安终于到了愿意解决问题而不是争吵的时候，他们产生了讨论切实可行的解决方案的想法，并创造了一个制订同时适用于双方的解决方案的机会。

你经常会听到"双赢"这种说法，这并不奇怪。它是指在争端中能够满足双方需求的较为周全的解决办法。识别这些需求并不容易。重要的是要不断地彼此交流，以便了解对方的需求和愿望，须知二者并不是一回事。

需求是指必需品，是你不能没有的东西。典型的例子是食物、水和衣服，这些都是人们维系健康生活所需要的东西。愿望是我们渴求或想要得到的东西，但不是绝对必需的东西。大致说来，订购外卖的比萨饼和啤酒是一种"愿望"。在冬季的大雪天里，穿皮夹克更有可能是一种"需求"。用一件新夹克改变你的着装风格或搭配其他颜色的衣服和饰物，很可能只是一种"愿望"。

制订一个实验性的方案

伴侣协会的共同创始人彼得·皮尔森说，冲突双方最常见的谈判错误如下：

· 只着眼于追求自我利益。

· 为了避免紧张感而轻易接受别人的建议。

"避免这些谈判失误的最好办法，"皮尔森说，"就是提出某种建议，把你自己和对方的利益结合起来。"①

当你和另一个人有争议时，一个好的解决方案，应当是那种能够满足你们双方需求的解决方案。要找到这样的解决方案，集思广益式的"头脑风暴"是很有帮助的。在这种"头脑风暴"

---

① 彼得·皮尔森（伴侣协会联合创始人）与作者的电邮通信（2010年9月11日）。

中，你们需要不加评判地把所有想法都摆到桌面上，其至是那种"疯狂"的主意，以及各种需要充实的内容。双方都同意不去评判或批评对方的建议。那种能够满足双方需求的解决方案的核心，可能就隐藏在你们列出的所有想法当中。

错误的谈判方式，可能让安和罗伯确定出一个简单但不能令人满意的解决方案，例如，"你回家后自己先吃饭吧，我回家后也会自己吃饭"。但是，参与一个创造性的头脑风暴式的对话，其效果会更加令人满意和持久。

以下是他们可能进行的谈话：

安：我会尽可能在七点半之前到家。你可以把预计开饭时间定在七点半，哪怕我提前回家也无所谓。你觉得这样安排对你方便吗？

罗伯：可以考虑一下……但你说过，你喜欢在坐下来吃饭之前先放松一下。我知道你需要那个时间，但我通常会很饿，可能很难等那么久。

安：嗯，如果我早于七点半到家的话，会有足够的时间放松一下，然后在七点半吃饭。如果我七点半或是在那之后才回家，那你就提前吃饭好了，我没问题。

罗伯：但是不管你什么时候回家，我都希望我们能有时间一起吃晚饭。饭桌上的谈话往往最让人开心。

安：你这么说我很高兴。是的，你说的没错。要不这样吧，如果我在七点半以后回家，你就先吃饭。但你可以等我回到家歇一会儿后再吃甜点。当我吃晚饭的时候，你可以吃甜点，这样我们就可以聊聊白天的事儿。

罗伯：这样也许行得通。我晚饭通常吃得很饱，根本吃不下去甜点。你最近总是七点半以后回家，所以这可能是最好的解决方案。

安：不过，就像我说的那样，我希望七点半就能回到家吃晚餐，并有足够的时间来放松一下。也许我们两个都可以推迟一会儿再吃甜点。我想晚饭后稍微休息一下也不错，我更喜欢这样。

罗伯：那就让我们试一下，看看效果如何。我会把我们商量好的都写下来，然后发电子邮件给你，这样，如果以后我们有需要的话，可以随时看看它。

正如在上面的脚本中安和罗伯所约定的那样，尝试将你们的协议作为一个实验，而不是一个永久性的解决方案。这样交流似乎显得造作而生硬，但你是在学习重要的倾听和谈判技巧，这将为你日后解决各种问题奠定基础。

正如罗伯和安所做的那样，当你们共同努力达成一个相互一致的解决方案时，你们对起草的解决方案会产生一种认同感和忠诚感。

制订一个理想的方案

将协议写下来是有帮助的，这样每个人都会清楚彼此商定的内容。可以考虑在一个中立地点（如餐厅）会面，在那里你们可以远离日常生活，并商议如何制订一个对双方都管用的协议。

努力支持别人的建议，并请对方也支持你的想法。你们的目标就是协同制定协议中的具体行动计划。

在相互讨论的过程中，记下你们商定的要点。在谈话结束时回顾这些要点，看看你们是否仍然认同它们。有些内容可能需要更改或删除，而且你们可能需要进一步思考和商谈，才能制定出真正理想的解决方案。

试着在协议中保持一种"平衡"，这样你们双方都会觉得为最终结果付出了同样的努力。你们彼此都需要对商定的事情感到舒适。

检查每一项内容是否切实可行，是否有什么地方会妨碍你们实行计划。例如，如果在你们同意一起做某件事的时候，你们中的一个要去旅行怎么办？你如果不能履行协议，你们就需要协商调整日期。

在写你们的协议时，使用你们都能理解的简单明了的语言。如果有一方不理解某件事情，请尝试以不同的方式写出来，以便你们都能够理解并达成一致。关键是要确保你们双方都知道对方的期望。

还要考虑如果某人不能履行协议的一部分会发生什么，然后将其写下来。加入应急措施，例如，当你不能做到你答应做的事情时，要及时联系并告知对方。

情侣之间的交流协议

现在站在下文主人公艾米丽的角度去看待问题，并考虑一下如何与一个朋友达成包含具体步骤的协议，让你们双方开始一次更有意义的交流。

你和戴夫约会几个月了。你和他有很多共同之处，并且很想知道他是否就是你的"真命天子"。这对你很重要，因为你已经35岁了，很可能想要建立一个家庭。不过，这并不是一种必然性的需求。

问题是，最近发生的一系列事情让你感到沮丧。最重要的是，你感觉到戴夫一直在避免与你谈他的日常感受，这似乎并不像热恋中的人该有的做法。和你想要建立家庭的愿望不同，经常彼此分享内心感受，是一种必然性的需求。

你提出这件事，告诉戴夫你想和他谈谈。戴夫回答说："好的。"但他没有和你谈，而是选择去写日记进行"自我交流"。你于是很想知道他对这段关系有多认真——既然他不能经常和你分享他的感受。

当戴夫提前一个小时取消了你们俩早就计划好的一次周末活动时，你对这段关系的疑虑变得更大了。你相信他对这段关系没有给予足够的重视。

在之前的一次谈话中，你们都同意确保安排时间好好相处。然而，他却在这么短的时间内，突然取消了一个重要的周末活动。

你再次和戴夫谈起这个问题，问他对于你们的关系是否真的"很认真"。毕竟，你认为如果他是认真的，那就意味着一种承诺，那么他显然就会更多地和你交流，并知道如何做出更好的决定。

在他又通过日记形式作了一次自我交流之后，戴夫说他是"认真的"。你很高兴听他这么说，但仍对这种关系的发展以及你们的沟通方式心存疑虑。你告诉他说，你很想和他坐下来，制订出一个能满足你们双方需求的协议。他同意按你的要求去做。

你和戴夫之前的讨论可能是这样进行的：

你：你应该再早一点儿告诉我，你星期日不能参加这个活动。你不是第一次这么做了。你现在应该知道，我对不遵守约定这种事很敏感。

戴夫：我很抱歉不得不临时取消星期日的短途旅行。在最后一刻出了点儿情况，我完全没有办法。我并不是故意不尊重你。我以为你会理解这一点。

你：我不能肯定我会接受你的道歉。我必须想一想。就像我说的，这已经不是第一次发生了。这种事情总是让我很沮丧。这让我对我们的关系感到怀疑。

戴夫：艾米丽，我真的很抱歉，我不得不在最后一分钟取消我们的计划。你不该把它看得这么糟。在我看来，错过星期日的郊游与我们的关系毫无关系。发生那种情况纯属意外，就是这么回事。

你：或许吧。但如果我们要继续下去的话，就必须想办法修复我们的关系。我们必须想清楚，怎样才能一起开开心心地过。这就和你习惯于通过写日记打发时间一样。

戴夫：如果你能明确地告诉我想如何和我一起打发时间，那会对我有所帮助。

你：我希望我们能像其他伴侣那样相处。我希望我们能够多聊天，了解彼此的生活中发生了什么，以及我们对彼此的感觉。

戴夫：那你具体是怎么考虑的？

你：我可以给你举两个例子：早晨我们可以一边喝咖啡，一边聊会儿天，或者下班后一起喝杯葡萄酒放松一下也行。

戴夫：我喜欢早晨聊天这个想法。那我们尝试一下好不好？

你：可以啊，这会是一个好的开端，我们以后就能挤出更多时间好好相处了。我们需要好好交流，这样我就可以告诉你我对你的感觉，你也可以告诉我你对我的感觉，这对我来说非常重要！

戴夫：你似乎觉得我们的关系对我来说不是最重要的，我想这样安排可以缓解你的某些疑虑，对吗？

你：是的，戴夫，这肯定是一个好的开始，它有助于消除我的某些疑虑。

这样一来，艾米丽和戴夫终于能够就"经常交流非常重要"这一观念达成一致。这对情侣会发现，这样的谈话会带来点点滴滴的幸福时刻。坦率、真诚地表达彼此快乐、温暖的感觉，对他们保持良好关系是至关重要的。

新手父母对照顾孩子达成协议

当一个新生儿，特别是第一个孩子诞生时，父母通常都会感到兴奋和欣喜。然而，把孩子带大，对于新手父母来说是非常艰难的。婴儿出生后，男女双方的工作量都会增加。新的生活方式，有时会让那些人生观有差异的配偶措手不及。这种情况可能会导致分歧。

一个婴儿的到来，通常会让父母双方的消极态度和对对方无意识的假设显现出来，而且他们以前都不曾注意到这些问题。这些态度和假设，可能会严重影响他们的关系。在恋爱期间，父母双方都认定孩子只会让他们的爱情变得更加稳固，因此当婴儿来到世间之后，面对新的情况，他们可能会重新审视过去，包括他们的关系。

父母之间的分歧可能源自不同的养育方式，处理因睡眠不足引起的压力的不同方式，对彼此工作或任务的不同看法，双方有限的交流时间，对于在看护孩子方面付出不均等的不满，本意是要提供帮助结果却适得其反的个人意见。

伴侣双方应当尽量以看似公平的方式，共同分担家务和抚养孩子的责任。实现更大的两性平等，需要新的解决冲突的战略和技能。例如，需要承担更多工作以满足新生儿需求的男人，也可能希望有更多的话语权，当他们的观点与伴侣不同时，就会引发冲突。

父母往往会在照料幼儿期间推迟讨论彼此的关系，后来才发现他们之间已经产生了严重分歧，因为他们只注重孩子的需要，而不注重两性关系中彼此的需要。

把你自己看作一个新爸爸，想想你和伴侣会如何开始达成协议：当你们的宝宝在午夜哭着醒来时，谁应该做什么。你清楚地知道，你们都需要将自己对这件事的真实想法摆到桌面上，以便共同努力，提出一个切实可行的妥协性方案。

这种对话可能会以这样的方式展开：

母亲：我本来不想说，但我不得不说：自打我从医院回家到现在，在照顾亚伦这件事上，你就没有负起应尽的责任。当他半夜在哭的时候，就需要有人醒来轻拍他的后背，直到他再次睡着，可每次都是我一个人在做这件事。

父亲：但我晚上必须睡好觉，第二天才起得来去上班。你总可以在亚伦白天睡觉时抽出时间小睡一下。我在工作时绝对没有机会打盹儿。

母亲：我知道你上班很辛苦，但我要是半个晚上都不能睡，白天还得照顾亚伦，那真的比上班还累。我已经筋疲力尽了。如果不能马上得到你的帮助，我真不知道该怎么办。

父亲：但我不知道自己怎么能够做到半夜不睡觉，白天还能集中精力工作。你知道，我们公司所有人每天都需要工作十二个钟头，做完所有需要做的事，才能让我们这个新公司正常运转。

母亲：我们不能找个办法分担夜间照顾孩子的责任吗？我不能继续像现在这样了。情况就是这样，该说的我都说了。我们得想个办法，让你能帮我多分担一点儿。

父亲：是啊，看得出你确实很沮丧，半夜起来照顾亚伦让你感到疲惫。也许我们可以坐下来，把夜里要做的杂事列个清单，以便更好地了解我们面临的情况。

母亲：我很感激你能理解我初为人母所经历的一切，而我现在所做的事情，确实是我无法应付的。把我们在夜里需要做的事都列出来，嗯，我喜欢你这个想法。我们在晚上需要为亚伦做的事包括：给他喂奶，换尿布，哄他睡觉。

父亲：我们可以创建一个夜间工作模式吗？

母亲：夜间工作模式？它和现在有什么不同？

父亲：夜间工作模式可以确保我们各司其职，帮助我们一起分担照顾亚伦的压力。这可能需要一个调整期才能顺利执行。

母亲：我已经说了，我不能再继续这样下去了，所以在调整期间我该怎么办呢？

父亲：你需要什么帮助才能度过调整期？

母亲：我爱亚伦，但我白天在家时，听到他不时哭泣，我根本无法补足夜里缺的觉。如果每隔一天，你能在上班途中顺便把亚伦带到你父母身边，这样我至少可以在家休息一下，这个要求会不会很过分？你父母说过，他们愿意在我们需要的时候照顾亚伦。你可以问一下他们：在最近几周这样安排对他们来说是否方便？我可以在上午休息好之后，中午去他们家里接亚伦。

父亲：我想在适应调整期的过程中，尝试一下这么做是个好主意。这可以让你休息一下，我父母和他们的孙子也能一起度过一些美好的时光。

母亲: 我希望我们都能觉得,这对我们双方都有好处。如果我们最终发现这不管用,我们可以重新讨论这个话题,并提出其他解决方案。

父亲: 听起来不错!

假使刚刚为人父母的伴侣从一开始就能像上面那样诚恳地交流,他们就可以将生活中的分歧转化成让彼此关系变得更加和谐的契机。维持这种积极的关系,需要夫妻双方公开讨论问题,表现出彼此多么感激对方,表达关切而不是互相指责,并制订考虑到对方需要的协议。

总结思考

要意识到当前存在的问题,并表达出你想要改变现状的想法。
你需要遵循这些原则:

· 避免一意孤行,别把你的想法强加给别人。
· 成为解决办法而非问题的一部分。
· 想出能让你和对方同时受益的解决方案。

·试着把对方的利益看作是你自己的利益，把对方的损失也看作你自己的损失。

与对方合作，就未来彼此间如何进行更诚挚的沟通寻求解决方案。

真正的合作需要以下条件：

·从一开始就相信，你就改善关系提出的建议和对方的建议一样有价值。

·要明白，太轻易地屈从于对方的建议可能会适得其反。

·寻求那些可以纳入彼此的协议，以便将有争议的问题转化为解决问题的实际方法的意见和建议。

·开始实施协议中的具体步骤，因为你知道它们有助于巩固和延续你们的关系。

活动：达成双方需要的协议

根据儿子的自述，考虑一下儿子和母亲之间的困境：

我和女友已经约会一年了。我们都是25岁。我妈妈不认可她，觉得她不符合我们家的"标准"。但是我认为，我和女友有着共同的价值观。我们彼此相爱，而且我们想要结婚。

女友认为我母亲是在控制我的生活，在主宰我，我应该当着她的面，好好谈谈这件事。

我承认我的母亲具有老式信仰，认为我的女友对我来说还不够理想。她确信我的女友会设法控制我，在我们结婚后就不会允许我和家人密切联系。

我母亲是一个好母亲，但她需要对我放手。我很担心我和女友结婚后，她会试图离间我们，会指责我的妻子是我变得不听话的"祸根"。

写下可能发生在儿子和母亲之间的对话，要在对话中交代出他们如何陈述彼此的差异，如何倾听对方的意见，并以此为基础，最终达成一个符合他们各自需要的协议。

我的人生使命不只是为了生存，
更是为了发展。

———————◆　◆———————

玛雅·安吉罗

Chapter **9** >>>
履行达成的协议

即使卷入冲突的双方都同意抛开错误假设，并在某些方面达成共识，双方之间仍会是一种脆弱的关系。你可能很想知道接下来要怎么办。你要如何开始修补受伤的情感？你该如何恢复彼此的关系？

一天晚上，贝蒂在儿子家吃饭时和儿媳吵架了。她们提高嗓门彼此指责，最后，儿媳把贝蒂从家里赶了出去。从那以后，两个女人很长时间都不说话，而且贝蒂觉得自己和孙辈断了联系。在那段时间里，贝蒂的心里仿佛一直压着一块大石头。我们将在本章后面回到贝蒂和儿媳的冲突中。

一场难以解决的冲突带来精神负担，很像是背着蹒跚学步的孩子四处走动，或者拖着一个大书包。当你把蹒跚学步的孩子放下来，或是将书包里的书都放到桌上时，在那一瞬间，你会觉得自己身轻如燕。只需卸掉若干辎重，你就会感觉舒畅而又自在。

同样，在采取措施解决冲突后，你可能会体验到一种解脱。随着时间的推移，你进一步远离冲突，可能会感到冲突真正解决了，再也没有或很少有挥之不去的悔恨、愤怒或受伤的感觉。

然而，即使卷入冲突的双方都同意抛开错误假设，并在某些方面达成共识，双方之间仍会是一种脆弱的关系。你可能很想知道接下来要怎么办。你要如何开始修补受伤的情感？你该如何恢复彼此的关系？

为达成的协议"存款"

化解冲突通常需要时间。它需要一种可识别和可持续的行为改变过程。到目前为止，你已从本书了解到那些我们可将其称为一家"善意和值得信任的银行"的"存款"行为：

- 理解冲突的根源。
- 自我认知。
- 为了深入理解而倾听。
- 澄清假设。
- 自行解决问题。
- 道歉。
- 达成协议。

我们的目的，就是要确保在你的"善意和值得信任的银行"

中，存款多于会削减你的账户余额的取款。

一旦你理解了你和他人产生分歧的主要原因，就可以通过稳步增加你的银行存款和储蓄——履行你们之间达成的协议——继续前进。毫无疑问，在存款的同时也会偶有"取款"。不履行协议规定，就可能会构成一次"取款"。增加存款可以以彼此间讨论的形式进行，这需要运用良好的倾听技巧，放弃指责，愿意积极解决情感问题（也许是在私下里进行），并一起努力找到令人满意的解决方案。

每当一个人履行协议，那个人就是在建立信任。第七章中罗伯和安之间达成的协议，可以用来帮助说明"善意和信任的银行"这一概念。

安的职业特征，决定了在许多个夜晚她必须工作到很晚。罗伯的工作恰恰相反。安和罗伯达成了一个意向协议，安说，她会尽可能在合理的时间下班回家。

每个工作日，如果安打电话说，她会在七点半之前下班回家，她就是在为两个人的关系"投资"——换句话说，她是在向自己的"善意和信任的银行"存款。如果她在七点半没有回家也没有打电话，她就是在取款。当信任度偏低的时候，哪怕安仅仅在约定时间过后两分钟露面，这对罗伯来说都可能是一个很大的问题。可是，如果安在完美地履行协议整整一个月之后，有一天在七点三十二分回到家里，想象一下罗伯会有什么感觉——罗伯甚至可能都不会注意到,她到家的时间晚了两分钟。

建立信任

信任的建立,必须以前后一致的行为为基础,而情感关系的进步需要一种信念,即双方所做出的改变都能持续下去。为了增大让双方协议持续下去的可能性,考虑一下彼此该如何相互支持,以做出所需的变化。在你们的最终协议中,还要包括那些支持性要素。例如,你可能需要通过使用一个字眼、短语,或是一个你们双方都认可的举动,来提醒你完成某个特定的行为。

你能否解决与他人的冲突,取决于许多因素,其中包括:

·冲突各方有多大动力共同努力解决问题?最不愿遵守协议的一方,可能会降低解决冲突的可能性。

·经历了多大的情感伤害?源于某同事在一次会议上随口做出轻率评论所导致的冲突,与结婚十年后才发现你的配偶从第二年起就有了婚外情相比,二者让当事人产生的情感是截然不同的。

·对你而言,哪些机会和可能性是积极而有益的呢?

·与什么都不做并保持现状相比,主动采取某种行动的风险是什么呢？

·另一个人如何从解决冲突中获益？

·如果冲突另一方不接受你提出的解决问题的建议，你怎样才能使那个人接受呢？

·如果冲突另一方不配合，你能为自己做些什么，从而更容易面对悬而未决的问题（正如我们在第六章"自行解决问题"中所演示的那样）？

如果情况变得复杂，你可能会更加自责：你是往对方的伤口上撒盐。你可能对自己所说的话或所做的事感到内疚和羞愧。能够原谅自己过去的情绪和行为是很重要的，因为当我们坚持将责任完全归咎于自己时，我们就会与当前的自我脱节。我们会把这种情感包袱带到与冲突另一方所进行的交流中。这样做会妨碍我们在与对方交流时展示出真正的自我。

不管对方对解决冲突的意愿如何，你都可以自我尊重，并始终保持这种态度。

下面是一些可能会对你有所帮助的行动范例：

·写下你可以试着用来化解冲突的东西。

·当你每天做各种日常活动（比如穿衣服或者去工作）的时候，都用这些新的方式去思考。提醒自己，你真的是一个很好的人，而且你需要向别人证明这一点。

· 要预料到你可能会在一天中多次遇到冲突，但同时也要坚信，你有足够多的知识和技能，能以积极的态度去处理它们。

· 如果你愿意的话，和信任的人分享你想做的事。别人的支持很有帮助。

· 认真对待你的意图，每天都要增加一点儿笑声和幽默。

· 记住，过去发生的事不能改变，它毕竟已经过去了，希望你能从中吸取教训。我们既然活在当下，就应该以崭新的方式学习和生活。

· 写一封信给你自己，认可你当天尝试的新方法。

· 当你朝着一个行为目标前进时，即使是取得了很小的进步，也要表扬自己。

每个冲突都是独特的

对于冲突，我们不应当"一刀切"。每个冲突都是独特的，而且其解决方式取决于相关当事人的需求。我们在本章开头简要描述的贝蒂及其儿媳之间的冲突，原本可能有各种不同的结果。其中有多种结果都能让贝蒂继续过好她的生活。我们不妨看看冲突的过程。首先，贝蒂将详细告诉你当时发生了什么：

　　我的儿媳珍妮特和我的儿子特德有两个孩子：特洛伊是珍妮特和前夫生的孩子，而萨姆是他们俩生的孩子。萨姆比特洛伊小八岁。从我直接和间接听到的消息来看，珍妮特一直觉得我偏向萨姆。珍妮特举出的一个例子是，我多次去看过萨姆参加的足球比赛，但很少去看特洛伊参加的任何一场比赛。

　　一天晚上，我在他们家一边吃饭一边聊天。鉴于他们的工作日程和所有家庭成员的业余活动情况，谈话很快围绕着父母照管子女的时间不够这一主题进行。为了帮助他们解决问题，我提出了各种解决方案，包括询问他们是否真的必须去上班。事后，我意识到我的建议可能被认为是一种含蓄的指责，因为珍妮特似乎越来越激动，可能是觉得我就是在批评她，并对她的选择指手画脚。

　　珍妮特不是那种把话憋在心里的人，她显然受够了这个话题。她开始对我大声说话，指责我对特德的缺点视而不见，而且对萨姆偏心。我意识到，她认为我的建议是对她个人的侮辱。我完全措手不及。我感觉受到了人身攻击。我提高声音为自己辩解，并对她说了几句嘲讽性的话。这一争执的结果是，珍妮特告诉我以后别再联系她或她的孩子了。特德立即开车送我回家。夹在两个都很固执的女人之间，他似乎很无奈。

　　为了更好地处理这种情况，我写下了关于珍妮特的假设之梯。

背景： 我儿子和儿媳的家里，我们三人一起吃晚饭。

事实： 我和特德、珍妮特一起谈到他们时间不够的问题（鉴于他们各自的工作日程，以及他们作为父母在儿子的课外活动方面所扮演的角色）。我问他们俩是否都必须工作。珍妮特描述了她对我和特德及其两个儿子的关系的感受。

解读： 我觉得珍妮特粗暴、固执而武断。

动机： 我认为珍妮特是想通过禁止我联系她或者我孙子的方式来惩罚我。

成见： 我将珍妮特视为那种典型的儿媳，这种人总是认为婆婆偏爱儿子，却对儿媳过分挑剔。

行动： 我对珍妮特的态度做出了反应：提高声音，并对她说了些嘲讽性的话。

那么，这一冲突可能会怎样发展呢？以下场景表明，处于纠纷中的家庭成员的关系可以按三种不同方式向前推进：

场景1：一方愿意说话，另一方想要避免冲突。

场景2：在冲突解决之前，一方死亡。

场景3：双方都愿意解决冲突。

以下是从贝蒂的角度来看，每个场景可能发生的情况：

场景1：一方愿意说话，另一方想要避免冲突

这就是贝蒂可能会说的话——如果她本人使用了假设之梯的话：

起初，我停留在我的假设之梯顶端。我怒不可遏，觉得自己受到了错误的定性和残忍、不公正的惩罚。我甚至没有机会和珍妮特好好谈一下，去弄清楚她到底在为什么生气。我完全没法理解她，我也不可能为我没做过的事去低声下气地道歉。我不能接受这一事实：她居然禁止我和她或者我的孙子接触。我是他们的祖母，我觉得我有权表达我对他们的爱。

这件事过后不久，我试着问过特德为什么珍妮特对我当时的问题那么生气，但却发现自己对他越来越生气，因为他不支持我，也没有好好劝说珍妮特。特德最后也对我生起气来，并开始躲着我。

两年来，我从未去过我儿子的家，几乎没有和我的孙子接触过。珍妮特和特德一家人不再和我们的大家庭一起过圣诞了。他们四个人独自过节。

我的怒气最终消失了。随着时间的推移，我对问题的答案和对方的理解的需求似乎减少了，并逐渐愿意接受我和珍妮特一家人的关系。我做了很多自我反思，并开始爬下我的假设之梯，

承认我当时做的假设是毫无根据的。我意识到相比特洛伊，我的确有点儿偏爱萨姆。在我第一次见到特洛伊时，他就是个大男孩了，所以我需要花时间去了解他。几乎还在珍妮特怀孕期间，我就很爱尚未出世的萨姆。我从一开始就能够成为他人生的一部分。但是我深知，自己一直都在尽力爱着我的两个孙子。

特洛伊和萨姆都很可爱。他们在学校都表现不错，他们都有朋友，他们都参与体育运动，他们从不惹是生非。这些事实帮助我最终看到，珍妮特和特德所选择的，是他们认为对家人最好的生活方式。我原谅了珍妮特。当然，我对她没有了任何敌意，也可以接受今后可能永远见不到她和我的孙子的事实。尽管如此，我绝对不希望发展到那一步。另外，原谅我自己就和原谅她一样难，因为我毕竟有过那些"坏"行为（对珍妮特吼叫，公开指责她和特德，并试图说服他们改变）。

渐渐地，我们彼此间的那种敌意消失了。特德有时会在特殊的日子来我家做客，尽管谈论的话题有所局限。后来，特德偶尔也会带着萨姆一起过来。通过这种偶尔的接触，我能够了解他们的家庭情况，尽管我不是一个积极参与者。后来，我邀请他们一家人到我家里吃晚餐，他们接受了。我们只谈"安全"的话题，以避免气氛不好。之后，我受邀去珍妮特和特德家中做客。我们走动得越多，就越能够表现出真实的自我。

我从未要求珍妮特从她的角度回顾那件事，并且告诉我，我对于她为何要和我中断联系的猜测是否正确。她也没有提起那件事。如果她提出这个问题，我也愿意和她讨论一下。但对于我本人以及对于我的需求来说，我对现状已经很满意了。我不觉得我是在如履薄冰或者涉足雷区。我就是在做我自己，而且我觉得，经历此事之后，我已经有所改变。

尽管仍有一些悬而未决的问题，但一家人能够重归于好，已经让我心怀感激，这也大大减弱了我可能怀有的焦虑之情。我觉得在我们中断联系期间所做的自我反思，使我能够接受他们真实的样子，而且我完全可以活在当下，忘记过去。我不知道未来会怎样，但我会尽己所能地好好生活。

在这个例子中，珍妮特和贝蒂并没有解决她们的冲突。她们没有彼此倾听，讨论冲突的本质，审视各自的假设或者向对方道歉。她们似乎是在回避而非解决冲突。

然而，我们应当注意到贝蒂在化解冲突中发挥的作用。不管珍妮特做了什么，贝蒂都在内心反思了自己的立场、态度和做法。她审视了自己对这场冲突的"贡献"——她的想法和态度。她似乎放弃了那些关于珍妮特的行为的假设。她承认自己也表现得不好，并最终能够接受这一事实，而不是继续自责或对此事耿耿于怀。

贝蒂没有沉湎于过去，没有过多的忧虑或戒备之心，她相信她能倾听对方的说法，能够让自己变得坦率而富有同情心。但是，在她或珍妮特决定积极地解决这个问题之前，冲突可能仍然潜藏在某个地方，或者说，由于珍妮特或许仍有精神负担，因此冲突甚至可能会再次出现。

场景2：在冲突解决之前，一方死亡

想象一下，如果珍妮特在和贝蒂疏远期间突然去世这种情况。贝蒂在场景1中所做的那种自我反思，同样也会让她感到释然和平静。

有时选择谅解是最有效的做法，即便那个冒犯者没有做出解释或者表示道歉，当被认为有责任的一方死亡时更是如此（可参见格伦达在第六章的叙述）。

有些人已经做出了决定：永远不会原谅那个伤害过他们的人，他们甚至终生都对其怀有怨恨和愤慨。但人类当中那些最明智、最有远见的人都认为，摆脱心灵的旧伤，对于所有参与人际冲突的人都很重要。

弗雷德·勒思金是斯坦福（大学）"宽恕项目"的主任。2001年，他和六位同事对259名成年人进行了研究，发现每个人至少有一种未能释怀的"伤害性"体验，并且仍会导致勒思金所说的"负面"结果。这项研究后来发表在《临床心理学》杂志上。

这项研究发现，人们可以学会去宽恕别人，而在宽恕他人时，当事人可以得到减压。[1]在《学会宽恕》这本书中，勒思金写到了这项研究，提出了如何宽恕的"九步法"，他说这种方法可以使你不再是个"受害者"。

勒思金强调，宽恕一个人，不等于宽恕该人的行为或忽视发生的伤害事件。事实上，它是指抛开你的痛苦和愤怒，而不是让其他人（包括死去的人）对你的情绪健康负责。[2]宽恕可以让你继续前进。

场景3：双方都愿意解决冲突

不妨将场景1和2的情况与双方都愿意处理冲突的场景进行比较。贝蒂这样回忆起当时的情形：

我怒不可遏，觉得自己受到了错误的定性和残忍的、不公正的惩罚。我甚至没有机会和珍妮特好好谈一下，去弄清楚她到底在为什么生气。我完全没法理解她，我也不可能为我没做过的事情去低声下气地道歉。还有，她怎么可以禁止我和我的孙子接触

---

[1] 引自Learningtoforgive.com网站相关内容。
[2] 弗雷德·勒思金：《学会宽恕》（纽约：哈珀柯林斯出版集团，2001年）。

呢？我毕竟是他们的祖母，我有权表达对他们的爱。

在那之后，我试图让特德帮我弄清珍妮特为什么这么生气，但到头来，我却因为他没有为我们的困境做点儿什么而生气。特德会倾听我提出的问题，并承认那种情况对我来说很痛苦。他说他想支持我，但他说这个问题实际上发生在我和珍妮特之间，所以他真的不能替珍妮特负责。他不停地提醒我，我很可能是通过发泄对他的愤怒来代替我的沮丧情绪。我们讨论了一些可以直接与珍妮特沟通的有效方法以及适当时机。

我等了几个星期，然后，在仔细反省之后，我决定给珍妮特写封信。我试着在所写的内容中表明，我已经放弃了对她的负面看法，现在我能够从不同的角度看待她。信写得很简短。我基本上只是分享了这一事实：首先，我爱她。我为那晚在餐桌上对她所说的那些伤人的话道歉。

然后我告诉她，那天晚上的谈话，尤其是我说的那些让她心烦意乱的话，让我感觉很不好。我提议说，如果她愿意的话，我想和她一起散散步，说说话，无论什么时候都可以。

几个月后，珍妮特打电话给我，并建议我们一起去散步。这是一次时间很长的散步，我们的交流真诚而坦率，这是以前从未有过的。在我们拥有了足够多的舒适感和彼此间的信任之后，我向她承认了一个事实：我意识到我对萨姆的爱要稍稍多于特洛伊，并且解释了原因。我还告诉她，我同样无法想象我的生活中没有特洛伊，并分享了我和他的一些具体的共同记忆。

我们没有正式达成任何协议，但确实谈论了将来要有所改变。我们俩都觉得，我们一直都有某种主动抑制紧张气氛的倾向。我们知道自己过去都倾向于和特德谈论我们彼此的问题，而不是直接和对方交谈。我们互相鼓励，并允许对方谈论可能困扰我们双方的事。我们决定尽力不让特德参与到我们的沟通中来。我们一致认为，不管我们多么生对方的气，我们都是一家人，互不说话不是解决问题的办法。

解决冲突的过程，并无任何特定的"模板"。正如贝蒂和儿媳的冲突可能会朝三个不同的方向发展一样，你和他人的冲突也可以有不同的走向。不妨审视造成冲突的事实和你所做的假设，并愿意像贝蒂那样在适当的时候选择道歉或原谅，并继续过好自己的生活。

总结思考

要真正从一次纠纷中取得进步，你必须把冲突抛在身后，继续前进。

· 真正愿意与冲突另一方和解。

· 愿意心无芥蒂地向前迈进。

· 承认改变旧习惯需要你的全面努力。采取可行的方法，使你更易于改变旧习惯，并在完成之后把它们记下来。

· 期待对方展示出最好的一面。如果你们之间出了什么问题，要给予对方"无罪推定"，即你相信对方是无辜的。避免对他人的言行做过度猜测。

必要时要进行调整：

· 要坦率地向自己和对方承认，事情并不总是按计划进行。

· 如果你难以履行你们之间的约定，要愿意向冲突另一方道歉。

· 要做出承诺，确认你必须改变的行为并达成一致意见。

· 尽最大努力做到宽宏大量。如果对方未能兑现他需要做出改变的承诺，能够接受对方的道歉。

活动：在冲突后继续前进

这些练习将有助于你在冲突后继续前进。

·回顾这样的经历：你曾经解决了你和某人之间的一次具有挑战性的冲突，并对结果感到满意。

·写下你冲上的关于另一个人的假设之梯。

·写下你认为对方冲上的关于你的假设之梯。

·回顾你是如何从梯子上下来的，以及你为何能够做到这一点。

·回顾对方是如何从梯子上下来的，以及他（她）为何能够做到这一点。

·描述这样做的结果。

·解释是什么因素使得这一结果成为可能。

·描述你对解决冲突的贡献。

·描述对方对解决冲突的贡献。

·总结你从这次经历中学到的东西。

对于我们需要先学习才能去做的事，

我们不妨边做边学。

亚里士多德

Chapter **10** >>>
练习，练习，再练习

如果他们尝试运用所学技能去解决与他人之间的问题，结果却遭到失败，那么他们怀疑自己是否有能力达成目标的恐惧就会被强化。这种自我怀疑的恶性循环可能导致他们放弃积极的努力。

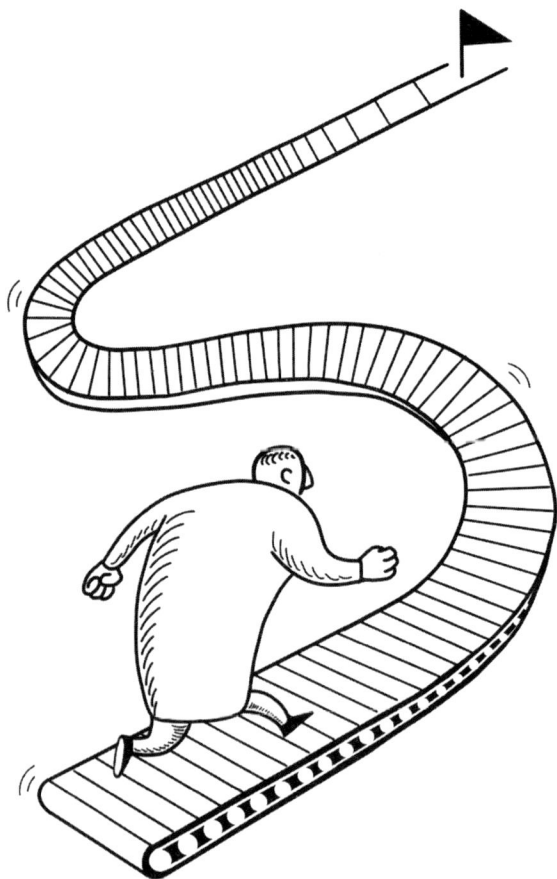

本书的一个重复性主题，就是我们都经常做出假设，这是我们如何在世间行事的组成部分。假设是我们从观察中得出的推论。幸运的是，很多时候我们的假设都是正确的。但是有些时候，我们的推论会导致我们做出错误假设，而它们会对我们的人际关系造成负面影响。

我们偶尔听到一些学员说，他们完全赞同本书中化解冲突的方法，并急于用这些方法去化解他们与别人之间的冲突。然而，他们有时会质疑自己是否有足够的信心在现实生活中尝试这些方法。他们不知道假使自己要"展开翅膀"，放手一搏，是否具有成功所必备的技能和社会适应力。

人们很难克服对于失败的恐惧。我们的一些学生可能不仅仅想知道自己是否有能力完成这一任务，也想了解他们是否从一开始就愿意并准备好着手做这件事。如果他们尝试运用所学技能去解决与他人之间的问题，结果却遭到失败，那么他们怀疑自己是否有能力达成目标的恐惧就会被强化。这种自我怀疑的恶性循环可能导致他们放弃积极的努力。

好消息是，这个略显灰暗的剧本可以通过精心的指导和循序渐进的训练来改写。当人们质疑他们是否能够经受挑战时，我们会鼓励他们在与某人发生纠纷的情况下对我们的方法进行测试。

我们的经验表明，只要得到正确的激励，就算是一个毫无信心的人，也能够掌握在冲突局面中积极互动的方法。当人们开始收获积极的结果时，他们的信心就会在此过程中得到增强。斯坦福大学心理学家卡罗尔·德维克说，[①]人们可以继续培养这些技能，直到它们变得根深蒂固。

化解冲突的步骤

以下是一个循序渐进的训练计划，可供你和目前与你有分歧、并有可能愿意与你共同解决问题的人予以尝试。

1. 找出你和对方之间未解决的问题，并尽最大努力用你在本书中学到的方法来解决它。

---

① 卡罗尔·德维克：《思维模式》（兰登书屋：纽约，2007年）。

2. 遵守下列基本原则：

· 尊重和你发生冲突的另一方。

· 要对你在这段关系中的表现以及你对此人所做的假设负责。

· 诚实地对待冲突另一方，在任何时候都力求真诚而直接，避免别有用心的动机和欺骗性的花招。

· 对冲突另一方的意见和反馈持开放心态，并尽可能最大限度地考虑对方意见的合理性。

· 同意达成一个能够实现与冲突另一方"双赢"的解决方案。

3. 利用在第二章阐述的假设之梯这一工具，开始研究你们之间的问题：

· 写下你冲上的关于冲突另一方的假设之梯。

· 写下你认为冲突另一方关于你所冲上的假设之梯。

按照以下指南来写下你创建的关于冲突另一方的假设之梯。

关于冲突另一方的假设之梯

背景： 我应当如何描述让我们产生冲突的问题的背景？

事实：我和冲突另一方的哪些具体行为是导致冲突的核心问题？

解读：我应当如何描述冲突另一方对于我的负面行为？

动机：我强加给冲突另一方的负面动机是什么？

归类：我强加给冲突另一方的成见是什么？

行为：自从我们之间产生冲突而且我爬上"梯子"后，我是怎么对待冲突另一方的？

在你动笔之前，不妨阅读我们的一个客户所写的例子，然后以此作为参考，思考你该怎么写关于冲突另一方的假设之梯。出于保密的原因，我们更改了名字。

布拉德关于妻子的假设之梯

背景：我们家的餐桌旁。

事实：我、我的妻子杰西卡和我们两个孩子（一个五岁，一个七岁）坐在桌旁吃晚饭。我在和杰西卡说话，告诉她当天早些时候在我办公室发生的一件事。在我的叙述过程中，杰西卡的目光从我身上转向了孩子们，并且和他们说话。她大概和他们说了两到三分钟的样子。当她说完之后，又将目光重新转向了我。

解读：我认为杰西卡的行为很傲慢，是轻视丈夫的表现。在我和她说我工作中发生的事情时，她不听我讲话，却将注意力转移到孩子身上，这对我太不礼貌了。

动机：我强加给杰西卡的动机是，她对我说的话不感兴趣，不够关心我，都不给我机会说完我工作中的事情，也不想听我说其他的事情。

成见：我认为杰西卡就是那种典型的"霸道型"女人，这种女人试图通过在夫妻沟通过程中永远占据上风，来控制她们的丈夫。

行为：当她故意冷落我的时候，我感觉受到了伤害，于是就开始生她的气。当她和孩子们谈完后重新转向我时，我没再继续对她说当天我经历的事情，因为我觉得那样做没有意义。

遵循以下指南写出冲突另一方关于你的假设之梯。

冲突另一方关于我的假设之梯

背景：冲突另一方会如何描述让我们产生冲突的问题的背景？

事实：我和冲突另一方的哪些具体行为导致我们之间产生了冲突？

解读：冲突另一方会如何描述我对他的负面行为？

动机：冲突另一方强加给我的负面动机是什么？

归类：冲突另一方强加给我的成见是什么？

行为：自从我们之间产生冲突，而冲突另一方爬上"梯子"后，他有什么样的表现？

在你动笔之前，不妨阅读我们客户的妻子所写的例子，以此作为参考，思考该怎么写你自己的冲突方关于你的假设之梯。出于保密的原因，我们更改了名字。

杰西卡关于丈夫的假设之梯

背景：我们家的餐桌旁。

事实：我、我的丈夫布拉德和我们两个孩子（一个五岁，一个七岁）坐在桌旁吃晚饭。布拉德在和我说起当天在他办公室发生的一件事。当他说话时，孩子们开始相互交谈。我叫他们别说话，并告诉他们，爸爸妈妈在说话的时候，他们大声说话很不礼貌。当他们停止说话后，我重新看向布拉德，期待他继续告诉我他刚刚提到的事情。

解读：我认为布拉德脸上的表情说明他在生我的气，因为他无法控制我的行为，而且他也不再说他们公司发生的事情了。

动机：我觉得布拉德总是想要当家做主，成为餐桌上谈话的焦点。他认为，仅仅因为他是我的丈夫和孩子们的父亲，他就是家里最重要的人。

成见：我认为布拉德就是那种非常典型的、来自一个认为丈夫就该当家做主的传统家庭的男人。

行为：我指责布拉德过于任性——他一直试图成为全家关注的焦点，还因为我训斥孩子们在餐桌旁的不当举止生我的气。

4. 安排与你冲突的另一方面谈，或者如果不能面谈的话，就安排电话交谈。

5. 以类似的话作为开场白："我真的很担心我们之间一直存在的问题。我想尽我所能缓解紧张气氛并且解决问题。为了达到这个目的，我需要知道你对我以及我们之间的问题的想法。所以，你能确认一些我对这个问题的假设，来帮我解决这个问题吗？"

6. 如果冲突另一方同意帮助你，要考虑以下要素：

· 在对方心情好的时候和他交谈，这点至关重要；确保你们有一段完全不被打搅的时间；你要保持冷静，相信自己能够做到不在声音中流露出沮丧或愤怒的情绪。

· 和冲突另一方讨论你写下的假设之梯，包括那些你认为的他对你所做的假设。

· 告诉冲突另一方你会真诚地努力，去了解他对于你所认为的他围绕你所做的假设的看法。

· 每当你对冲突另一方说出一个假设之后，询问他你刚刚所说的假设是否正确。

· 深入倾听冲突另一方对你所说的每个假设的看法。

· 不要质疑冲突另一方所做评论的合理性。

· 向冲突另一方表示感谢，感谢他对你所认为的他围绕你做出的假设做出开放和坦诚的评论。

· 接下来，根据冲突另一方的看法，对你从其视角出发而起草的最初的假设之梯进行修改。

· 然后，还是根据冲突另一方的评论，适当修改你对他创建的假设之梯。

7. 再次和冲突另一方安排一次面谈或是电话交流，然后执行以下步骤：

· 再次感谢冲突另一方愿意和你交谈，并就你所认为的他对你所做假设的合理性给予诚实的反馈。告诉他，自从上次交谈后，你已经丢弃或至少是修改了假设之梯。你们需要共同努力，去判断哪些修改后的假设看起来依然缺乏依据，然后丢弃它们（如果有必要的话）。

· 然后，询问你是否可以分享你关于对方的假设之梯，但愿他会同意你那样做。

· 每当你说出一个假设之后，询问对方你刚刚所说的假设是否正确。

· 深入倾听冲突另一方对你所说的假设的评论。

· 针对对方的评论里你不明白的地方，提出澄清式的问题。

· 不要质疑对方所做评论的合理性。

· 感谢冲突另一方，因为他对你做出的假设进行了开放和坦诚的评论。

· 告诉冲突另一方，你会真诚地努力，去了解他关于你对他所做的假设的评论。

· 接下来，根据你相信对方基于事实发表的看法，抛弃你关于他的假设之梯上那些完全缺乏依据的假设。

· 然后，根据对方的评论，修改你的假设之中那些在你看来至少有一些事实依据的内容。

8. 时不时地自我检查，看看你抛弃了多少对于冲突另一方的负面假设和情绪。当你这样做时，要遵循以下步骤：

· 回想那些你可能与其他人分享过的、关于你和冲突另一方之间让人感觉"艰难"的事件或时光的故事。

· 当你与别人讨论这起冲突时，问问自己："我在描述冲突另一方的情况时，是否用了略微负面的措辞？"如果答案是"用了"，那就说明你依然有一些挥之不去的受伤感。

·试着"同情"自己，并下决心继续努力化解冲突。

·写出你可以做些什么来帮助你抛开那些毫无根据的假设，以及因被冲突另一方伤害所产生的那些负面情绪。

·想象冲突另一方在做和你类似的事情，深入反思他对你可能会有的挥之不去却毫无根据的假设和负面情绪。

9. 再和冲突另一方约定一次面谈，讨论你们各自已经放弃或改变了哪些假设。遵循以下两个步骤：

·告诉冲突另一方，你已经彻底抛弃或者至少更改了哪些假设。

·最后，就你们各自根据现实情况对对方做出的假设达成共识。

10. 为你对对方产生了负面影响的行为道歉。确保你的道歉包含以下要素：

·表明你的任何行为如果对对方有任何负面影响，那都不是你的本意。

·说出你希望你们俩能恢复你们的关系。

·询问在你们俩言归于好之前，关于这个有待解决的冲突是否还有需要澄清的问题。

·讨论任何需要澄清的问题，并共同澄清它们。

·就这些问题达成共识，以消除你们关系中的任何障碍并言归于好。

11. 与冲突另一方就未来如何对待彼此制订协议，包括承诺不再出现过去那些造成不愉快的行为。当你们制订协议时，确保包含以下要素：

·做到真正有意与对方和解，乐于冰释前嫌。

·如果在制订协议的时候产生问题，姑且相信对方，期待他会表现出最好的一面，不要去猜疑他的行为。

·要认识到尽管你们达成了善意的协议，但你们各自或许都会继续从不同的视角看问题。

·告诉你自己，你们将冲突变为合作，并不意味着你们两个人已经变得"完美"。

·要接受这一事实：尽管你们为恢复关系做出了有效的努力，但也有可能再次发生令人受挫、恼火或者愤怒的事情。

· 提醒你自己，冲突仍有可能发生，这就意味着在这种情况下，你们都需要再次运用那些你们已经学会并成功运用过的技能。

12. 如果你既不能和冲突另一方面谈，也不能和他进行电话交流，试着发电子邮件或写信完成以上步骤。不妨阅读一封我们的客户写的电子邮件，以便从中得到启发：你该如何给冲突另一方写一封邮件。

主题：我们能谈谈吗？

亲爱的米歇尔：

如你所知，在那些我们意见不同的事情上，不管是大事情还是小事情，我们往往很难进行讨论。我们似乎不愿意花费时间和精力去倾听并试着彼此理解，而是直接开始为我们各自的立场争辩。

我常常感到失望和沮丧，因为在那些对我们每个人都很重要的事情上，我们无法进行沟通和相互理解。这种长期存在的沟通困难以及和你的冲突，让我感觉自己无关紧要，非常孤独，乃至想要放弃一切努力。我想知道你是否也有同感？如果你也有同感，我想尽我所能来改变现状，以更好的方式和你交流。

如果我们能专门留出一些时间共同努力，弄明白如何在不争辩、无冲突的情况下，就重要的事情进行更有效的沟通，我将不胜感激。

我们坐下来好好谈谈的目的，是为了更好地理解并满足彼此的需要。我相信这对维系我们现在和将来的友谊至关重要。

祝好。

贾斯丁

如果经过这些步骤后，你仍然无法解决和冲突另一方之间的问题怎么办？是不是还有希望能找到一种方法，让你们可以交流彼此间的分歧呢？请继续阅读下一章，了解另一个可以帮助你们打破僵局的选项——调解。

总结思考

当你和他人有纠纷时，不要放弃希望。请牢记以下几个关键点：

1. 坚持不懈地用以下方法努力消除你和别人的分歧：

· 哪怕情况很艰难，甚至最初对方有可能不予合作，你都要继续努力解决你们之间的问题。对自己说"我要尝试"而不是"我做不到"。

·不要将一次挫折看作是一个不可逾越的障碍，而是要看作一次你可以从中学习并从中获益的挑战。

·在达成目标的过程中，坚定不移地向前推进，想象你的努力能够获得积极的成果。

2. 通过以下方式，考虑对方的观点和你自己的观点一样合理：

·承认对方的观点，了解对方的立场。

·深入倾听，尊重他的付出和积极的意图，将你的对手转变为合作伙伴。

·即使对方没有立刻理解你的观点，也要继续尊重对方。要保持你的兴趣，牢记你的目标。

3. 用以下态度欢迎来自意见不合者的反馈：

·以热情和真诚的态度接受反馈。你生活中的其他人会注意到你没有注意到的事情。

·不要为你的立场辩护。告诉某人他的反馈为何不对于事无补，这只会增加而非减少你们之间的分歧。

·利用这个机会从别人的评论中学习，而不是给别人打上"无知"的标签。

活动：提高解决冲突的能力

你可以自己做些事情来提高你解决冲突的能力：

·给你自己写一封信或是一篇备忘录，描述你在运用本章提供的方法解决和冲突另一方的问题的过程中所学到的东西。

·描述哪些方法有效，哪些无效。

·描述那些效果不太好的方法并解释原因。

·肯定你的辛勤努力和取得的成就。

说说看，当你尝试消除你和别人的另一个分歧时，你打算改变哪些做法。

和平不是没有冲突，
而是有应对冲突的创造性替代方案。

多萝西·汤普森

Chapter 11 >>>
调　　解

　　他们各执己见，日益对立，彼此几乎不说话。而一旦他们对话，通常会立即演变为一场激烈的争吵。谁都不承认对方的话有可取之处。即使是互相分享他们各自冲上的假设之梯，也是完全不可能做到的事情。

　　这一僵局的终结，是可以通过调解来实现的。

一位女士担心她那个住在数百英里之外的鳏夫父亲照顾不好自己。她希望父亲卖掉房子，搬到一个老年社区，她相信他在那里会受到很好的照料。这位父亲在过去的六十年里都生活在自己家中，那里给他留下了许多美好的回忆，所以他不想离开，也不想离开邻居和朋友。

父女俩已经相互争论了一段时间，但始终未能消除分歧。他们各执己见，日益对立，彼此几乎不说话。而一旦他们对话，通常会立即演变为一场激烈的争吵。谁都不承认对方的话有可取之处。即使是互相分享他们各自冲上的假设之梯，也是完全不可能做到的事情。

这一僵局的终结，是可以通过调解来实现的。你将在本章后面了解到，调解过程是如何帮助那对父女解决问题的。

有时候，似乎没有什么能帮你们消除分歧。而且也许还会有这样的情况：即使是出于最好的意图，并努力运用你们在本书所学到的东西，也会面临似乎难以解决的争端。

但终归还是有希望的。我们之所以成为调解者，是因为我们早已知道，一个独立的第三方能够帮助打破人们之间似乎坚不可摧的壁垒。

调解是一个可从不同角度探讨、但包含一定的基本要素的过程。这是一系列系统性的行动，一个中立的第三方——调解人，需要协助两个或更多的人解决争端，在受控的非对抗环境中指导他们进行公开的沟通。为了本章讨论之目的，我们将重点介绍人际调解。主要关注金融结算的商业调解，与我们这里所说的调解通常有所不同。

调解人是不卷入冲突的第三方。调解人的目的是营造一种公平环境，促使双方为相互尊重地解决问题而努力。调解人不会决定谁对谁错。调解人不是"分配"责任或过失，而是侧重于帮助冲突各方表达其真实需求，并有效地沟通。调解人帮助各方平静而有组织地坐到一起讨论问题。调解人会努力确保每个人都充分听取别人对问题的看法，以及别人的感受。

如果说有一种恐惧会阻止人们来到调解桌旁，那就是害怕自己再次坐在对手的对面并恶语相向，从而完全丧失打破僵局的希望。

在调解中，调解人和参与者都要同意某些基本规则，它们有助于让讨论变得文明有礼，防止争论者进行口头或身体攻击。调解人会确保双方遵守基本规则。用非暴力沟通法创始人马歇尔·卢森堡博士的话说，参与者在调解过程中会了解到，"别人的行为可能会是我们的感受的诱因而非成因。我们从来不是因为别人所做的事而生气。不是别人做了什么让我们生气，而是我们脑海中的意象和解读使我们产生了怒气"。①

调解过程是保密的。参与调解的人们可以自由、公开地讨论他们的问题，因为任何与会者所说的话、所写的东西或所做的事，都不会与其他局外人分享，除非他们本人同意这样做。

调解的一个优点是，与法庭程序相比，它往往是非对抗性的。调解能够使当事者详细讨论问题，并允许他们在得到彼此满意的结果之前，尽情探索各种解决方案。这与法官在时间有限，以及在对当事人和真实情况的了解相对有限的情况下对案件进行裁定有所不同。

以下是我们在本章开头提到的那对父女之间的调解情况。会谈在调解人的一间办公室内进行。

调解人安娜·斯蒂尔坐在桌首位置。她的左边是那个鳏夫哈罗德·格林，他耷拉着脑袋坐在椅子上，显然很不自在。塔尼娅·埃里森，哈罗德的已婚女儿，坐在她父亲对面，双手手指敲

---

① 马歇尔·卢森堡：《非暴力沟通》第三版（加利福尼亚州恩西尼塔斯，普多尔丹瑟出版公司，2015年）。

击着膝盖，看上去有些心神不宁。下面是会谈的进行过程：

安娜： 我坐在这里的原因之一，是要帮助你们谈谈彼此感觉难以讨论的问题。我不会偏袒任何一方，我会帮助你们心平气和地交谈。你们需要讨论并听取对方的意见，然后考虑并讨论解决问题的办法，在此之后，我将尽力帮助你们达成协议。你们可能无法在第一次会谈中达成协议，这没关系。当然，我希望你们能够达成协议。

塔尼娅： 我非常沮丧，因为爸爸根本不听我的话，意识不到他必须就他的生活安排做出调整。我非常爱他，我知道他再也不能独自住在家里了。他有时会头晕，他不能按时吃药，他吃东西也很不讲究。我非常担心他会跌倒伤到自己，那样的话，也没有人能在跟前帮助他。我们隔着六百英里远，我肯定不可能在他需要时第一时间出现。

哈罗德： 我不知道塔尼娅在说什么。你听她说的，就跟我是个没用的老废物似的。事实上我非常健康。我可以开车，每天出去散步三次。问问我的邻居就知道了。他们会告诉你我的身体有多棒。而且我需要什么的话，他们都能及时帮助我。我们认识六十多年了，彼此信任，因为我们一起度过了许多艰难的日子。要让我离开我的家，除非是等我死了，再把我抬出去。

塔尼娅：我知道爸爸周围有很多朋友，但他们就像他一样正在变老。再说他们也不可能无限期地住在那里。自从十年前妈妈去世后，爸爸就死守着那所房子，因为这是他们养育我们几个孩子的地方，对他来说有很多回忆。但他现在根本不考虑这是否是最明智的选择。他认为他没有选择，但是他有选择。

对了，我差点儿忘了，对爸爸来说，那所房子太旧了，已经不适合住人了。他以前还能自己修缮，现在根本不可能再做这种事了。他还拒绝雇人替他做。那房子有六十多年时间，早就不像样子了。它需要重新装修。他肯定不能自己做这件事，也不能指望邻居为他做这件事。

哈罗德：这些都是胡扯。说了这么多，还不是觉得我没法照顾好那所房子，所以需要搬进一个老年社区吗？我可不想待在那些整天靠拐杖和轮椅到处转悠的老家伙身边。再说了，如果我搬进了老年社区，我所有的老朋友和亲戚们都会忘记我。我不是你们说的那种好交际的人。我要花很长时间才能向别人打开心扉，需要足够信任他们才能成为他们的朋友。

塔尼娅：爸爸想得太不现实了。在老年社区有各种活动和联谊项目，目的就是帮助住户之间变得更熟悉。人与人不可能立刻就成为朋友，其实，大家每天低头不见抬头见，很快也就成老熟人了。爸爸很快就能适应这种地方，但他就是不承认。此外，他还需要住在一个可以保证一日三餐的地方，一个会有人督促他按时吃药的地方。

哈罗德： 就算我过了一段时间后能认识几个人，那又怎样呢？我到哪儿弄钱买下一所老年社区的公寓房间呢？我在哪儿住能像现在这么省钱？我听说老年社区的房子很贵。一般来说，你在住进属于自己的公寓房间之前，就要付一大笔钱。我可没有那么多钱。我当然可以卖掉房子，用那笔钱交首付，但是之后每个月还是要支付不少钱。靠着我那点儿社会安全福利保障金，也就是能够勉强糊口而已。要是住老年社区，用不了多久，我的钱就花光了。

哈罗德和塔尼娅已经表达了各自的担忧，所以安娜认为有必要暂缓一下，并安排下一次会面。她花时间向客户介绍假设之梯的概念，做了必要的解释并和客户加以讨论。她解释说，梯子代表着我们怎样迅速对他人做出判断，以及这会如何导致冲突。

然后，她给他们布置了一个任务，以便为下次调解会做好准备。

他们回家之后，需要写下各自针对对方的做法而冲上的假设之梯，然后带着脑海里的梯子回来参加下一次调解会。

塔尼娅和哈罗德同意了。塔尼娅开车把父亲送回家。那天晚上，在父亲上床睡觉以后，塔尼娅写下有关父亲的假设之梯：

背景： 我家那所有六十多年历史的老房子。

事实： 我去看望八十五岁的父亲，我是他的女儿，五十六岁了。我住在离他家六百英里的地方，大约每六周去看望他一次。每次见面，我们都会谈到他的生活环境。

解读： 我觉得爸爸的行为就是那种老顽固的行为。

动机： 我认为爸爸不想正视他所处的人生阶段。

成见： 我认为爸爸属于那种不听子女劝告、害怕做出改变的老人。

行动： 我对爸爸说的那些有道理的话充耳不闻，我的反应既冷酷又暴躁。

哈罗德没有写下他关于塔尼娅的假设，但他打了腹稿。下面就是他针对女儿创建的假设之梯：

背景： 我和妻子在婚后几年建造的那所至今有六十多个年头的老屋。

事实： 我的女儿塔尼娅从六百英里外的家中到东部来看我。她和我谈了我的生活状况，我们正就这个问题交换看法。

解读：塔尼娅的说法偏执而又草率，因为她住得很远，不可能看到我生活得很好，完全能照顾好自己。

动机：我认为塔尼娅真的不在乎我想要什么样的生活。她只是想说服我卖掉房子，搬进一个老年生活社区，这样她以后就不用再为我担心了。

成见：我觉得塔尼娅就是那种太自以为是的子女。他们不把父母的想法当一回事，总觉得只有自己才是正确的。

行动：我把塔妮娅的意见当耳边风，老是坚持自己的想法。

在下一次调解会上，安娜鼓励塔尼娅和哈罗德分享他们的假设之梯，并继续表达他们对彼此关系和当前问题的看法和感受。最终，他们都说出了自己的全部心里话。

在调解过程中，安娜让塔尼娅和哈罗德告诉彼此自己从对方那里听到的东西，直到他们都承认完全理解了对方的主要意思。这一过程使他们都能从对方的角度理解分歧，并开始为自己在这场争端中的"作用"负责。

然后，安娜总结了她从哈罗德和塔尼娅那里听到的一切。父女俩最终发现，与一个宽容、公正且具有同情心的调解人交谈，可以使个人意见得到充分倾听，并能更好地了解双方的分歧。

在这个时候，哈罗德和塔尼娅已经能够友好地直接交流。哈罗德最终告诉塔尼娅说，他很抱歉自己此前态度顽固，不愿意听她的想法。他承认这是他的错，并保证不会再发生这种事。他对女儿承认，自己其实并不知道在老年社区生活是什么样的。他从未去过那种地方。他同意让塔妮娅开车送他到附近的一些老年社区转转，亲自看一下实际情况。

塔尼娅接受了父亲的道歉，并对自己没有非常努力地倾听，不能体会父亲的忧虑表示歉意。她主动提出可以与她父亲的朋友和邻居们交谈，并鼓励他们以后去看望他——如果他最终决定从家里搬出去的话。她也同意她和丈夫会经常去看望他。她还向父亲保证说，她的妹妹和弟弟们也会这样做。此外，她还承诺会让哈罗德的孙辈们偶尔也去看望他。

哈罗德说，他的一个同龄朋友从城里一家公司雇过一个保姆，这让那个朋友可以安心待在家里。哈罗德问塔尼娅，能否多了解一下那家公司的情况，以及雇用那样的保姆需要花多少钱。如果他付得起钱让别人替他去买杂货，做饭，办一些差事，监督他按时服药，他或许可以在家里再待上一段时间。

塔尼娅说她很愿意去研究一下这种可能性，以及其他一些可行的选择。她还说，如果他们可以找到一个值得信赖的保姆，她和妹妹、弟弟可以凑钱承担这笔开支。

在第二次调解会结束后，哈罗德和塔尼娅共同斟酌了各种选择，并签署了一份具体协议。安娜为他们两人各自复制了一份，以便日后参考。安娜就调解结果向他们表示祝贺。最后，哈罗德和塔妮娅从椅子上站起来，彼此给了对方一个温暖的拥抱，然后牵着手一同走出办公室。他们感谢了安娜，并告诉她说，他们要去附近一家餐馆吃顿饭。

通过调解，塔尼娅和哈罗德能够审视加在对方身上的标签，并承认他们做出了误判。这个过程使他们能够消除误会，并有效处理他们真正关心的问题。在此基础上，他们不再只是向对方抛出问题，而是主动提出双方都能接受的解决方案。

如果你发现自己与某人之间存在着严重分歧，一定要尝试你在这本书中学到的方法。但要知道，如果你仍然不能解决问题，那么寻找一个调解人总是一种不错的选择。

如何寻找调解人

寻找调解人可从本地开始。许多社区都有公共调解项目，而且其服务往往是免费的。在许多项目中，调解人至少接受过40个小时的基本调解培训，并接受更有经验的调解人员的监督。这些项目经常可为调解人提供持续的培训机会。

在正式"启用"特定调解人之前，先了解一下他接受过的培训，处理类似问题的数量，以及他处理的案子中各方最终达成协议的比例。还要问问该调解人使用什么调解风格，并让他大致描述一下。常用风格是促进、变革和指导。你可以通过mediate.com这个网址了解更多这方面的信息。由于调解具有的保密性质，你通常无法从调解人的客户那里获得可供参考的信息。然而，一些客户可能允许调解人使用他们的名字。

我们的建议：如果可能的话，你可以与意向调解人进行面谈，以了解你们能够在多大程度上协同工作。一些调解人会通过电话或面对面提供免费的初步咨询，这样一来，双方就可以了解他们是否有可能愉快地合作。与其他专业人士一样，并非所有调解人和所有客户都能很好地合作。我们希望你能找到较为适合的调解人。

总结思考

这本书教授的沟通技巧，能够使你做到以下几点：

·在与他人之间的摩擦变成棘手的冲突之前，先坐下来好好谈一谈。

·主动化解可能出现的冲突（尽管你最初会尽可能回避它们）。

·如果你全力化解冲突但收效甚微，那就通过调解过程予以解决。

作为一个冲突解决方式，调解具有如下鲜明的特点：

·参与者是一个或多个调解人以及两个或更多的客户，后者无法避免争论，无法解决他们的冲突。

·调解提供了一个相对包容的空间，人们可以直抒胸臆，将其想法和感觉与其信任的专业人士分享。

·调解人是需要保持中立的专业人士，在争论中不偏袒任何一方。

·调解人的目标是营造一种公平环境，促使冲突各方相互尊重地努力解决问题。

·为了达到这一目标，调解人会协助双方尝试使用系统化的沟通流程，帮助他们确定自己的需求，并合力制订出满足这些需求的解决方案。

活动：阅读

为获得有关调解过程的更多信息，我们强烈建议你阅读这本书：克里斯蒂娜·萨比、汤姆·玛西和毕·赫里克合著的《调解：通过沟通改变冲突》。

歧义、矛盾、迟疑甚至是错误：
对它们感到自在，是智慧的开端。

———————◆◆———————

谢尔温·B·努兰德

Chapter 12 >>>
总　　结

　　不管你是和别人存在长期的严重分歧，还是因为别人的一
句话、一个眼神或是语音语调而和别人产生了短暂纠纷，本书
包含的技巧都能有效指导你获得有意义的解决方案。

来自《关系突围》的课程

我们写作本书的目的，是为了帮助读者学习那些我们教会其他处于人际冲突中的人们的实用方法。这是一种指导他们在考虑并尊重冲突另一方的同时，能够创造性地处理棘手问题的方法。

不管你是和别人存在长期的严重分歧，还是因为别人的一句话、一个眼神或是语音语调而和别人产生了短暂纠纷，本书包含的技巧都能有效指导你获得有意义的解决方案。

以下是我们希望你能从本书中学会的十节重要课程：

1. 化解冲突的第一步，是理解你和冲突另一方的思维过程。

当两个人处于冲突状态时，他们的思想会无意识地冲上关于彼此的假设之梯。你不要认为对方的行为是针对你的，它只是由于对方对你的假设而导致的。

除非你明白这点，不然你就很难化解和别人的冲突。别人做出的假设是他们自己的，和你无关。它们往往是基于遗传因素和环境因素，比如早期生活条件、文化影响甚至还有创伤经历。你可以按照以下方法来理解你自己以及冲突另一方的思维过程：

· 承认人们往往急于按照无意识的假设去评判他人。想想那些在你的成长经历中，对你的思维方式有重要影响的人。

· 要考虑到你对某人行为动机的最初假设，主要是基于你与他人大为不同的脾气、成见和偏见。

· 对这种可能性持开放态度——你对某人或某种情况的第一反应可能并不正确。愿意接受这种可能性——别人并不总是符合我们对他们的归类。

· 当你确信你了解别人行为背后的意图时，要想出一个不同却又合理的解释。对各种可能性持开放态度——抛弃可能不合理的假设并改变对别人的成见。

2. 每天做自我认知练习，审视内心，找出会导致你立即对他人做出假设的成见。

每一次我们觉得有必要证明自己是对的，并对他人做出评判时，我们就创造了冲突的种子。立刻对他人做出负面假设而不接受他们真实的样子，只会适得其反，在冲突中火上浇油。你需要观察你此刻对他人的行为，试着弄明白为什么你会如此迅速地对他们做出假设，并检查你的行为的合理性。以下是避免做出仓促评判的方法：

·找出某人让你反感的行为，并观察你对此人的反应。要审视内心，检查那些可能导致了你的反应的假设。

·辨清在和那个人的关系中，你的情绪是积极的还是消极的，承认那些情绪是你自己而不是别人造成的。

·认识到是你关于那个人行为的假设触发了你的情绪。意识到那些成见没有客观性和合理性，它们只是你自己的想法。

·承认你可能是根据你所做的假设而对此人做出了那些行为。

3. 深入倾听他人，这会让他人知道你听到了他们的话，还可以让你了解到他们关于你的行为的假设。

深入倾听的关键，是真诚地希望了解他人正在经历的事情。它使得我们能够提出我们原本可能看不到的问题，它也让我们能够以更加开放的姿态，去对待那些原本可能会被我们漠视的东西。

为了深入理解而倾听有四个要素：

·鼓励。

·澄清。

·复述。

·总结。

以下是利用这些要素去深入理解的途径。

用以下方式鼓励对方说出更多的内容：

·当其他人表述对你的假设时，你必须保持安静。深呼吸，让纷至沓来的想法渐渐消失。

·就别人对你的假设尽量真正做到持开放态度。着眼于从他人那里深入了解在他们眼里你的强项所在，以及你需要改善的地方。

·承认你对某一特定情况的假设与对方不同。接受他人的假设和你的假设一样合理的可能性。

通过做到以下几点来澄清你对别人告诉你的事情的理解：

·告诉对方，你还不是很明白他对你所说的事情。

·问澄清式的问题，让对方知道你真心想要完全理解他的言外之意和他所要表达的感受。

用以下方式复述对方的话：

·着眼于记住对方所表达的基本思想，然后用你自己的语言进行复述。

·培养出"第三只"耳朵，让你能感受到说话者想法背后的深层情绪，并将之反馈给说话者。

·用不同的方式复述及改述对方所说的话，直到他确信你已经彻底听明白了。

用以下方式总结对方所表述的要点及其感受：

·陈述对方提到的主要思想，而不是具体细节。

·在对方所表露的各种情绪中，重点关注你所识别的明显情绪，并和对方就这些情绪进行交流。

4. 询问冲突另一方，你是否可以和他交流你关于他的行为所做出的假设。

关于那些我们对别人所做出的假设，我们需要鼓励他们说出他们的观点，尽管他们的看法可能和我们的不同，但不要立刻评判对错。他们的观点隐含的重要线索，可以让我们更好地理解我们的假设，以及随之而来的行为可能对冲突的产生起到了怎样的作用。以下是进行讨论的途径：

·告诉对方你对其行为所做的假设。

·询问对方，在他看来你所做的假设是否准确。然后深入倾听此人对你的问题的回答。

·意识到你对他人的假设可能是错误的，并为它们可能对他人产生的影响负责。

5. 请求冲突另一方与你交流他们关于你的行为所做出的假设。

那些与我们有冲突的人关于我们的行为所做的假设，通常反映了他们的真实想法。我们有责任深入倾听他们的假设，以便深入了解我们的行为如何触发了别人的反应。要知道，他人对我们的行为的反应对冲突的发生有着重要作用。以下是交流的原则：

·当你为澄清对方对你的行为所做的假设而去问对方问题时，不要指责对方是错的。

·深入倾听冲突另一方对你的行为所做的假设。

·意识到对方并不是故意对你做出错误的指责，对方只是对你做出了他们认为是正确的假设。

6. 和冲突另一方共同努力，来分析你们关于彼此的假设是否合理。

当处于冲突中的人们愿意共同评估各自对对方的假设时，这就相当于打开了一扇大门，让他们可以认真地考虑这样一个观点：化解冲突并恢复关系，比争出谁是谁非更加重要。以下是关注解决方案并"模糊"输赢的方法：

·以认真的态度，同时接纳两个截然相反的假设——你的假设和冲突另一方的假设。

·如果你们关于彼此的假设通不过真实性检查，要愿意修改甚至是彻底放弃它们。

7. 与冲突另一方就彼此所做的特定假设达成相互理解，并放弃那些你们认为不合理的假设。

当处于冲突中的人们愿意放弃那些他们对彼此所做的不合理的假设时，他们就可以向前推进，根据那些共同认定有事实依据的假设达成协议。你可以通过以下途径来搞清楚哪些假设是合理的，哪些假设是必须放弃的：

·评估你是否真心想要和对方达成共识。如果对彼此还有丝毫负面的感觉，就不要马上继续进行后面的步骤。

·关于彼此的行为，共同探索其他的假设。要乐于接受这种可能性：关于彼此的行为可能有另一种解释，只是你们还没考虑到而已。

· 确信冲突双方都有足够的自信接受别人做出的正确假设，并且不会因此就自惭形秽或妄自菲薄。

· 共同努力，调和关于彼此行为的不同假设，找出那些你们双方都认同的假设。

8. 真诚地向那些因为你所做的错误假设而被你误会，以及被你做出的行为所伤害的人们道歉。

要认识到你对于冲突另一方所产生的负面情绪是由你的假设所造成的，你要为你冒犯对方的行为道歉。这样做，可以显示出你更看重你和被冒犯者未来的关系而非过去的冲突本身。如果可能的话，你的道歉行为应该包含有效道歉的四个要素：a. 承认你具有冒犯性的行为，b. 解释你的行为，c. 表达悔意，d. 做出补偿。你该用以下方式去做：

· 承认你的所作所为，为冒犯别人承担起责任。

· 实事求是地说明你那样做的原因。

· 对你采取的那些冒犯或得罪他人的行为表示悔恨。

· 真诚而努力地纠正你所犯下的任何错误。尽你所能，帮助他人从你所说或所做的事情中恢复过来。

9. 达成协议——在处理未来可能出现的问题时，采用积极的新方法彼此沟通。

在与冲突另一方达成的协议中，我们需要包含让双方受益的解决方案。尽管维护你自己的主张很重要，但是为了这一协议的平衡性，为对方的想法做出让步这一点也同样重要。每个人都需要为解决方案做出妥协。为了确保协议具有上述平等性，做到以下几点至关重要：

· 要在协议中包含具体而有效的实施步骤，须知列举出这些步骤，将增大那些双方已经达成一致，并在协议中明确阐述的行为发生实质性变化的可能性。

· 要在协议中列出你们当中任何一方在偶然背离个人承诺的情况下需要采取的措施。

10. 选择言归于好，了结过去的冲突，开启修复关系的新篇章。

你们所面临的挑战，就是抛弃宿怨，积极地期待从修复关系中得到最好的结果。如果一个人在兑现承诺的过程中出现问题，另一个人需要做到宽宏大量，接受对方恰当的道歉及"下不为例"的保证。你可以这样做：

· 要认识到需要你们双方的全面努力，才能改变旧有习惯并维持你们的协议。

· 如果事情没有一直如协议中所计划的那样发展，你们可以进行修正并更新承诺。

· 期待彼此都会在"调整航向"方面尽最大努力，并重新步入正轨。

总结思考

将这些课程变成你生活的一部分，可以使你拥有一套必要的工具，用来解决那些先前难以应付，但现在有望化解的纠纷。如果你读完本书之后仍然觉得毫无头绪，不知从何开始，那就尝试以下方法：

· 快速翻阅每个章节，了解主要思想。

· 做笔记，写下你认为最难学习和掌握并将其应用于生活中的一两种技能。

· 把你的笔记放在一个可以经常看到的地方，随时阅读这些内容。

·保持开放心态，让它激励你而不是阻碍你。

·努力关注这些技能并想象积极的结果。每天一点点地做出改变，就可以为你的人生创造出奇迹。准备好大吃一惊吧！

尽管有些人际冲突看起来难以应付，但是这些课程可以帮助我们以新颖的、有创造力的方式来解决冲突。它们可以让你能够同时专注于两套假设——你自己的假设和冲突另一方的假设，并让你们双方共同努力，在有事实基础的假设上达成协议。它们能够为你解决你和他人的纠纷打开一扇新的大门。将它们付诸实践，还可以让你们每个人都有机会成为一个更体谅他人、更有同情心的人。

附　　录

为了深入理解而倾听的四个要素

反应	目的	途径	例子
鼓励	了解更多，鼓励说话者开口，倾听一段较为完整的叙述。	使用那些不能用"是"或"否"回答的开放式问题，鼓励说话者说得更多。	"告诉我之后发生了什么事。""我想知道得更多。请再多说一点儿。""我没完全明白你在说什么。告诉我你对那件事的感受。"
澄清	试着充分理解说话者在说什么。	提出以下列字眼开头的问题："怎么样""什么""和谁""什么时候"和"哪里"。不要问"为什么"。这可能会让说话者为难。	"是什么导致了这种情况？你什么时候开始感到它棘手的？""还有谁和这件事有关？""这对你的工作有什么影响？""你第一次和他谈这件事是什么时候？这种情况多久发生一次？"
复述	让说话者知道你在倾听，检查你对所说内容的理解程度。	用你自己的话告诉说话者你听到了什么。	"从你所说的话来看，我猜想她每次对你说话都很粗鲁，很无礼。""你似乎对她的行为感到困惑和愤怒。你希望她停止这么做，或者告诉你到底出了什么事儿。"
总结	把关键点、看法和感受集中起来，回顾说过的每一句话。这是进一步讨论的基础。	归纳对方列出的要点，包括问题、想法和感受。	"当你面试的时候，你发现这可能是一份理想的工作，因为……但现在你怀疑自己是否具备必要的资格，以及是否应该接受这份工作。"

鸣　　谢

我们想借此机会感谢所有提供机会，让我们成为调解人和指导者，也让这本书得以问世的人。我们非常感谢那些与我们合作的客户，感谢他们允许我们将其生活中的冲突案例收入本书，这些案例充分证明了我们解决冲突的关键方法的有效性。我们也非常感谢其他领域的专业人士和研究人员。

在冲突调解、冲突管理、心理学、咨询方法、课程开发和高科技企业等领域，我们的专业培训过程以及由此获得的经验，为我们提供了必要的指导。与此同时，我们解决冲突的方法也受到其他诸多领域重要思想的强烈影响。这本书的顺利问世，主要有赖于沟通管理、情商、婚姻和家庭治疗、组织行为、社会智能和社会心理学等学科的专家们的辛勤工作。

我们将永远感谢希拉里·弗里曼和沙雷·吉花了许多时间，与我们一起研究和撰写本书的前两版。他们贡献给那两个版本的个人经验和专业经验，也继续充实着本书的这一最新版本。

我们也特别感谢克里斯·阿吉里斯和彼得·圣吉。他们对组织沟通障碍以及旨在突破这些障碍的个人培训方法的探索，增强了我们对如何解决冲突的理解。阿吉里斯的研究工作，是我们的"假设之梯"理论的一个来源（我们在第二章中做了解释，并将其应用于本书每一章节）。阿吉里斯首创"推理之梯"，他考察人们的观察方式以及如何将观察结果与个人猜测结合起来，从而得出这一过程可能导致潜在破坏性行动的结论。

我们喜欢"梯子"的概念，但认为需要一个更适合那些向我们求助的客户的实际情况的概念。所以，我们用较少的梯级创建了假设之梯，每个梯级都代表一个易于识别的心理过程。

我们对第三章中"自我意识"各个层面所作解释的主要来源，是丹尼尔·戈尔曼关于"情商"的创新性描述，他在那篇论文中引用了最新的大脑和行为研究。

对于我们在构建第四章中有关"为了深入理解而倾听"的四个要素方面的工作，我们要特别感谢三位人士：感谢卡尔·罗杰斯为开发积极倾听的技能（辅导者可与客户一起应用）而付出的开创性努力；感谢托马斯·戈登将这些技能在其家庭教育有效性培训方法方面的突破性应用；感谢马克·布雷迪对于熟练的倾听在人类成熟过程中的关键作用的见解。

我们深切地感谢卡里纳·舒曼的帮助，她的研究表明了道歉如何能够有效导致冲突后的宽恕和和解。

通过阐述有关偶然事件在人们生活中的积极影响的新颖理

论，约翰·克隆伯兹使我们得以提出一个理由充分的论点：冲突往往会成为那些发生冲突之人的一份礼物。

我们从"伴侣学院"创始人彼得·皮尔逊的见解中获益匪浅，他为我们阐明了怎样改变人们某些根深蒂固的不良行为，以及如何学会克服主要障碍的情绪问题。

我们感谢负责"哈佛谈判项目"的道格·斯通、布鲁斯·巴顿和希拉·哈德，他们阐述了不同背景的人们学会有效沟通所需要的表达技能。

我们也感谢许多同行和同事对本书初稿的详细反馈，感谢我们的编辑格温·扬，她出众的见解和智慧，使这本书比其原本可能的情况要好得多。

最后，我们感激我们的家人和好友，在完成本书三个版本的若干小时、若干天、若干星期和若干年里，他们始终都在坚定地支持着我们。

参考文献

罗纳德·B. 阿德勒、劳伦斯·B. 罗森菲尔德、尼尔·汤、小罗素·F. 普罗克特：《相互作用：人际沟通的过程》，哈考特·布雷斯出版公司，德克萨斯州沃斯堡市，1998年。

戈登·W. 奥尔波特：《偏见的本质》，锚版图书，纽约州花园城市，1958年。

克里斯·阿吉里斯：《克服组织防卫》，阿林与培根出版公司，马萨诸塞州尼达姆高地，1990年。

玛德琳·科·巴斯提：《宽恕之心：治愈的时间之路》，红轮/韦泽出版公司，马萨诸塞州波士顿市，2003年。

詹妮弗·E. 比尔、卡洛琳·C. 帕卡德、艾琳·施蒂夫：《调解员手册》，新社会出版社，加拿大不列颠哥伦比亚省加布欧拉岛，2012年。

马克·布雷迪（编）：《倾听的智慧》，智慧出版社，马萨诸塞州波士顿市，2003年。

史蒂芬·R. 柯维：《高效能人士的七个习惯》，自由出版社，纽约，1989年。

卡罗尔·S.德维克：《思维模式：新成功心理学》，巴兰坦图书公司，纽约，2008年。

罗格·费希尔、威廉·L.尤里、布鲁斯·巴顿：《谈判力》，企鹅出版社，纽约，2011年。

贝弗莉·弗拉尼根：《宽恕不可恕之事》，麦克米伦出版公司，纽约，1992年。

马尔科姆·格拉德威尔：《眨眼之间：不假思索的决断力》，利特尔与布朗出版公司，纽约，2005年。

丹尼尔·戈尔曼：《情商——为什么情商比智商更重要》，班唐图书出版公司，纽约，1995年。

丹尼尔·戈尔曼：《情商2：影响你一生的社交商》，班唐图书出版公司，纽约，2006年。

A·H.哈里斯等：《群体宽恕干预对知觉压力、特质、愤怒、压力症状、自我健康评价及宽恕的影响》（彻底原谅网站上的斯坦福宽恕项目，Learningtoforgive.com）2012年2月24日。

黛娜·哈斯金斯：《父母当教练：帮助青少年建立信心、勇气和同情心》，白橡木出版社，俄勒冈州波特兰市，2001年。

马修·乔因特：《"路怒症"：积极驾驶的三项研究》，美国汽车协会交通安全基金会，华盛顿哥伦比亚特区，1995年3

月。可浏览相关网页：https：//www.aaafoundation.org/sites/default/files/agdr3study.pdf。

托尼·乔尼克：《我作为威胁的一天》，"看法"节目，旧金山KQED广播电台，2008年2月19日。

拜伦·凯蒂：《我需要你的爱——这是真的吗？如何停止追求爱、认同和欣赏，开始寻找它们》，三河媒体，纽约，2005年。

达契尔·克特纳：《生而向善：有意义的人生智慧和科学》，诺顿出版社公司，纽约，2009年。

杰弗里·A. 科特勒：《超越责任：解决冲突的新途径》，巴斯出版社，旧金山，1994年。

约翰·D. 克虏伯、艾尔·S. 莱文：《永远相信，幸运的事情即将发生》，影响力出版社，加利福尼亚州阿特沃特市，2010年。

亚伦·拉泽尔：《通过道歉和解》，摘自《至善》，和平与福祉发展中心杂志，第一卷第二期，2004年a秋季刊，16—19页。

亚伦·拉泽尔：《关于道歉》，牛津大学出版社，纽约，2004年b。

卡洛斯·罗沙达：《政治正确：语言上的白日梦》，发表于《基督教科学箴言报》，1998年7月16日，16版。

弗雷德·勒思金：《学会宽恕》，哈珀柯林斯出版集团，纽约，2001年。

凯瑞·帕特森、约瑟芬·格雷尼、罗恩·麦克利兰、艾尔·斯威泽：《关键对话：如何高效能沟通》，麦格劳希尔集团，纽约，2002年。

凯瑞·帕特森、约瑟芬·格雷尼、罗恩·麦克利兰、艾尔·斯威泽：《关键冲突：如何把人际关系危机转化为合作共赢》，麦格劳希尔集团，纽约，2005年.

彼得·皮尔森，伴侣学院。与作者的电子邮件交流，2010年9月11日。

彼得·皮尔森，伴侣学院。与作者的电子邮件交流，2010年12月28日。

大卫·瑞可：《五件我们无法改变的事》，香巴拉出版社，波士顿，2005年。

理查德·罗杰斯和小奥斯卡·汉默斯坦，《你必须得到仔细的教导》，《南太平洋》，1949年。

马歇尔·卢森堡：《非暴力沟通》，普多尔丹瑟出版公司，加利福尼亚州恩西尼塔斯，2015年。

唐·米格尔·鲁伊兹：《四项协定：个人自由的实用指南》，安柏艾伦出版社，加利福尼亚州圣拉斐尔市，1997年。

唐·米格尔·鲁伊兹、唐·何塞·鲁伊兹：《第五项协定：自我掌控的实用指南》，安柏艾伦出版社，加利福尼亚州圣拉斐尔市，2010年。

克里斯蒂娜·萨比、托姆·梅西、比·赫里克：《调解：通过沟通改变冲突》，肯代尔亨特出版社，加利福尼亚州千橡市，2008年。

马丁·E. P. 塞利格曼：《学习乐观》，古典书局，纽约，2006年。

彼得·M. 圣吉：《第五项修炼：学习型组织的艺术与实践》，双日出版社，纽约，1990年。

彼得·M. 圣吉、阿特·克莱纳、夏洛特·罗伯特斯、瑞克·罗斯、布莱恩·史密斯：《第五项修炼·实践篇：创建学习型组织的战略和方法 》，班唐、双日和戴尔出版集团，纽约，1994年。

道格拉斯·斯通、布鲁斯·佩顿、希拉·何恩：《高难度谈话》，企鹅出版社，纽约，2000年。

德博拉·坦嫩：《男女亲密对话：两性互动必修课》，巴兰坦图书公司，纽约，1990年。

艾克哈特·托尔：《新世界：灵性的觉醒》，企鹅出版社，纽约，2005年。

布伦达·尤兰：《剑臂：文集选》，圣牛出版社，明尼苏达州德卢斯，1992年。